황현필의
한국사 평생 일력

황현필의 한국사 평생 일력

초판 1쇄 발행 2023년 11월 11일
　　　3쇄 발행 2023년 11월 29일

지은이　　황현필
발행인　　공정범
발행처　　역바연
주소　　　경기도 용인시 수지구 수지로421, 503호
등록　　　2021년 11월 26일 제2021-000150호
ISBN　　　979-11-976930-9-0
ⓒ 황현필

이 책을 만든 사람들

기획·편집 공지영
디자인　　디자인 경놈

황현필의
한국사 평생 일력

글 · 황현필

역바연

일력이 만들어지기까지

1. 날짜 선정

오늘의 한국사를 하루하루 선정했습니다.

역사적 사건이 찾아지지 않는 날도 있던 반면

하루에 여러 사건이 겹치는 경우에는 한 사건만 골라야 한다는 것이

너무 안타까웠습니다.

2. 그레고리력 정리

1895년 태양력 시행 이전의 역사는 음력으로 기록되었기에

이를 양력으로 변환하는 작업을 하였습니다.

대한민국의 어느 역사 단체도 음양력 변환을 제대로 정리해 놓지 않아

혀를 찼습니다.

오늘의 역사를 다룬 여러 콘텐츠들이 율리우스력과 그레고리력을

혼용한다는 사실도 알게 됐습니다.

저희는 그레고리력으로 통일하여 변환하였습니다.

- 율리우스력: 기원전 45년부터 시행한 양력 역법
- 그레고리력: 율리우스력을 개정하여 1582년부터 시행한, 대한민국의 공식 역법

3. 아쉬운 고대사의 비중

우리 고대사나 고려사 대부분은 월까지만 기록되어 있어 정확한 일자를

알기 어렵습니다.

조선 이후 역사의 비중이 높은 것을 이해해 주시길 바랍니다.

4. QR 코드

오늘의 역사 중 유튜브 '황현필 한국사'에서 다뤘던 주제는 QR 코드를

첨부했습니다.

QR 코드를 통해 그날의 역사를 영상으로 시청하실 수 있습니다.

역사를 역사답게

유튜브 채널 바로가기 ▼

12월 31일

1444년 12월 31일(음력 1444년 11월 13일)
세종이 연분9등법을 시행하였습니다.

세종대왕은 부자 양반의 땅은 기름지고, 가난한 농민의 땅은 척박한데
세금은 똑같이 수확량의 1/10씩 내는 것이 불공평하다고 여겼습니다.
세종은 10년간 농민 18만 명의 의견을 수렴하여
풍흉에 따라 토지 1결당 상상년(20두)부터 하하년(4두)까지 차등 세금을 거두는
연분9등법을 시행하여 가난한 농민의 세금 부담을 줄였습니다.

가뭄에 들면 침상에 들지 않고 용상에 앉아 밤을 지새우고
가난한 농민과 똑같은 초가집에 살며 직접 밭을 일궜던
세종대왕의 애민의 마음을 대한민국의 정치인들이 배우기를 바랍니다.

구 분	전 세 액
상 상 년	20 말 (두)
상 중 년	18 말
상 하 년	16 말
중 상 년	14 말
중 중 년	12 말
중 하 년	10 말
하 상 년	8 말
하 중 년	6 말
하 하 년	4 말

▲ 연분9등법

오늘의 다른 한국사

· 1967년 이순신의 《난중일기》가 도난되는 사건이 발생하다
· 1980년 전두환 정부가 언론기본법을 공포하고 보도지침으로 언론을 통제하다

작가 소개

황현필은

역사를 전공하고

모교에서 7년간 교편을 잡았고

여러 인강 매체와 EBS에서 강의를 했고

유튜브에서 '황현필 한국사' 채널을 운영하며

90만 구독자와 함께 즐겁게 역사를 강의하고 있다.

황현필의

첫 도서 《이순신의 바다》는 출간과 동시에

교보문고, 예스24, 알라딘에서 전체 도서 순위 1위라는 기염을 토했다.

황현필의

진정한 두 번째 도서인

《황현필의 한국사 평생 일력》이 어떻게 될지는 여러분의 손에 달려 있다.

12월 30일

1010년 12월 30일 (음력 1010년 11월 16일)
양규가 흥화진전투에서 승리하였습니다.

흥화진에서 양규에게 패한 요나라(거란) 황제 성종은 양규를 회유합니다.
"네 대장 강조도 항복했는데 너는 버티려 하느냐?"
그러자 양규가 말했습니다.
"나는 강조의 부하가 아니라 고려의 장수다."

거란군이 철군하자 양규는 끝까지 추격하여 고려인 포로 3만여 명을 구해내고
자신은 온몸에 화살이 박힌 채 장렬히 전사했습니다.

저희 역사바로잡기연구소는 민강 작가의 《흥화진의 별들》을 출간하였습니다.

▲ 드라마 〈고려거란전쟁〉과 《흥화진의 별들》

오늘의
다른
한국사

· 1895년 단발령이 선포되다 (음 1895.11.15.)
· 1978년 차범근이 서독 분데스리가 리그에 처음으로 출전하다

작가의 말

작년의 《2023 황현필 한국사 일력》은

제대로 된 최초의 한국사 일력이었다는 데 의미를 둔다면

이번에 새롭게 출간하는

《황현필의 한국사 평생 일력》은

이전에도 없고 이후에도 없을 최고의 한국사 일력으로 기억되게끔 만들었습니다.

《황현필의 한국사 평생 일력》이

여러분의 가정이나 직장의 책상에 놓여

여러분의 생각과 가치관이 옳음을 확인하며 굳은 신념이 생기기를

그리고 바꾸고자 하는 사람들을 바꿀 수 있는 무기로 쓰이기를 고대합니다.

래백광노 황현필

12월 29일

1910년 12월 29일
일제강점기 회사령이 공포되었습니다.

"회사를 설립하기 위해서는 조선 총독의 허가를 받아라."
조선인들의 회사 설립은 점점 어려워만 졌고
일본 자본가와의 격차는 커져만 갔습니다.

1920년 회사령이 철폐되면서 조선인의 회사 설립이 가능해지자
국산품을 애용하자는 물산장려운동이 시작됐습니다.
"내 살림 내 것으로"
"우리가 만든 것 우리가 쓰자"

▲ 물산장려운동

오늘의
다른
한국사

· 2002년 드라마 〈전원일기〉가 22년 역사를 마감하고 종영하다

1월

Korean History
Calendar

12월 28일

1894년 12월 28일 (음력 1894년 12월 2일)
전봉준이 체포되다.

동학농민운동의 정신적 지주 전봉준은 키가 작아 녹두장군이라 불렸습니다.
전봉준은 경복궁을 점령한 일본군을 몰아내기 위해 2차 봉기를 하였으나
공주 우금치와 태인 등지에서 패하고 은거하던 중
부하 김경천의 배반으로 체포되고 말았습니다.

전봉준이 체포되자 백성들 사이에서는 이런 노래가 울려 퍼졌습니다.

"새야 새야 파랑새야 녹두밭에 앉지 마라. 녹두꽃이 떨어지면 청포장수 울고 간다."

● 파랑새: 일본군, 녹두 : 전봉준, 청포장수 : 조선 민중

▲ 체포되는 전봉준

오늘의
다른
한국사

· 1926년 의열단원 나석주가 동양척식주식회사에 폭탄을 투척하다

1월 1일

1896년 1월 1일
양력 사용을 시작하였습니다.

1895년 을미개혁이 추진되면서
기존에 사용하던 음력 대신 태양력이 선포됩니다.
이에 따라 당시 1895년 11월 17일은 1896년 1월 1일이 되었습니다.
예부터 음력을 써 온 우리 선조들은 갑자기 새해를 맞이하며
어리둥절한 표정으로 한 살을 더 먹어야 했습니다.

새해 복 많이 받으세요.

▲ 독도와 일출

 오늘의 다른 한국사

· 1414년 조선 태종이 전국 16세 이상의 남자를 대상으로 호패법을 시행하다 (음 1413.12.1.)
· 1905년 한반도 철도의 대동맥, 경부선 철도가 개통되다
· 1907년 을사의병을 일으킨 최익현이 대마도에서 순국하다

12월 27일

1945년 12월 27일
모스크바 3국 외상회의 결과가 발표되었습니다.

모스크바 3국 외상회의 결과에 대한 호외가 발표되었습니다.
"미국은 한반도 즉각 독립, 소련은 신탁통치를 주장"
이러한 동아일보의 호외는 세계 언론 역사상 10대 오보 중 하나였습니다.
신탁통치는 사실 미국의 주장이었습니다.

동아일보의 기사가 나간 이후 우익은 반탁·반소운동을 전개했고
좌익은 오히려 신탁통치를 찬성하는 찬탁으로 바뀌니
동아일보의 오보로 남한의 역사가 이상하게 꼬였습니다.

▲ 동아일보 오보 기사와 찬탁·반탁의 대립

오늘의 다른 한국사

· 1920년 의열단 최수봉이 밀양경찰서에 폭탄을 투척하다
· 1972년 박정희가 8대 대통령에 취임하고 북한의 김일성이 주석으로 추대되다

1월 2일

1873년 1월 2일(음력 1872년 12월 4일)
흥선대원군이 호포법 실시 혼란을 조정하였습니다.

'양인개병제良人皆兵制'

16세~60세 양인(자유민) 남성은 군역의 의무를 진다는 뜻입니다.
그러나 조선의 양반은 양인임에도 자연스럽게 군역을 면제받았고
군역의 부담은 고스란히 농민에게만 돌아갔습니다.
이후 흥선대원군이 호포법을 실시하면서
양반에게도 군역의 부담을 지게 하는 균등과세가 실현되었습니다.

조선 사대부 지배층의 특권을 없앤 호포법은 대원군의 가장 큰 업적으로 칭송받습니다.

● 호포법: 개인이 아닌 집을 기준으로 군포를 부과하는 법

호포제 실시 전(1792)

납부층 양인 15%
면제층 노비 36%
총 3,100호
면제층 양반 49%

호포법 실시 후(1872)

면제층 노비 7%
면제층 관리 19%
총 3137호
납부층 양반·양인 74%

▲ 호포법

오늘의 다른 한국사

· 1910년 일진회 이용구가 한일합방을 요청하다
· 1924년 친일파로 돌아선 이광수의 사설 〈민족적 경륜〉이 동아일보에 게재되다

12월 26일

1974년 12월 26일
동아일보의 백지 광고 사태가 있었습니다.

동아일보 기자들이 유신 독재에 대항하여 자유언론실천선언을 합니다.
그러자 정권의 압력을 받은 대기업들이 동아일보의 광고 계약을 취소하자
동아일보는 백지 광고 신문을 발행합니다.

동아일보에서 쫓겨난 송건호를 중심으로 한 해직 기자들은
한겨레 신문을 창간하였습니다.

▲ 송건호와 동아일보 백지 광고 사태

오늘의
다른
한국사

· 1991년 소련이 해체되며 냉전이 종식되다

1월 3일

1637년 1월 3일 (음력 1636년 12월 8일)
병자호란이 발발하였습니다.

정묘호란을 일으키고 조선과 형제 관계를 맺었던 후금은
국호를 청으로 바꾼 뒤 조선에 군신 관계를 요구합니다.
그러나 조선이 이를 거부하며 존명배청을 외치자
청 태종 홍타이지는 용골대에게 4만 5천 병력으로 조선 침략을 명했습니다.
병자호란이 발발하자 인조는 남한산성으로 숨어들지만
결국 삼전도의 굴욕을 당하게 됩니다.

정묘호란과 병자호란은 중립외교를 펼친 광해군을 몰아내고
인조반정을 주도한 서인의 외교참사로 인해 일어난 전쟁입니다.

▲ 남한산성과 만주 심양 홍타이지 동상

오늘의
다른
한국사

· 1923년 상해에서 임시정부의 나아갈 방향을 모색하기 위해 국민대표회의가 열리다

12월 25일

1884년 12월 25일 (음력 1884년 11월 9일)
우리나라에 크리스마스가 알려졌습니다.

크리스마스는 국내 기독교 선교사에 의해 처음 알려졌습니다.
선교사의 부인들이 서로 선물을 주고받았고
교회를 중심으로 행사가 진행되면서
대중들도 크리스마스를 알게 되었습니다.

일제강점기 크리스마스 행사가 금지되기도 했지만
해방 후 1949년, 크리스마스는 공휴일로 지정됐습니다.

메리 크리스마스.

▲ 조선 크리스마스 씰과 크리스마스 야경

오늘의 다른 한국사

· 1898년 고종이 황국협회를 시켜 독립협회와 만민공동회를 해산시키다
· 1971년 서울 대연각호텔에 화재가 발생해 200여 명의 사상자가 발생하다

1월 4일

1951년 1월 4일
한국전쟁 중 1·4 후퇴를 하였습니다.

인천상륙작전의 성공으로 UN군과 국군이 압록강까지 진격하며
통일을 눈앞에 둔 시점에 중공군이 참전합니다.
UN군과 국군은 중공군의 인해전술에 밀려 서울을 다시 빼앗기고 후퇴를 결정했습니다.
극심한 한파 속, 사람들은 갑작스레 피난길에 올라야 했고
가족과 헤어지는 과정에 수많은 이산가족이 생겨났습니다.

"눈보라가 휘날리는 바람찬 흥남부두에~
목을 놓아 불러봤다. 찾아를 봤다… (중략) "

▲ 대동강 철교와 1·4 후퇴 피난민

오늘의 다른 한국사

· 898년　신라 진성여왕이 사망하다 (음 897.12.4.)
· 1982년　대한민국 문교부가 중고등학생의 두발 및 교복 자율화 방안을 발표하다

12월 24일

2000년 12월 24일
친일시인 서정주가 사망하였습니다.

서정주는 친일파였습니다.
일왕을 위해 전장에 나가는 병사를 위한 노래
〈오장 마쓰이 송가〉를 썼습니다.
해방 후 살아남은 서정주는 우리나라 국문학계를 장악합니다.
친일파 이병도가 사학계를 장악했듯이…

서정주는 전두환을 찬양하는 시도 썼습니다.

국화옆에서 (菊花옆에서) -서정주-

한 송이 국화꽃을 피우기 위하여
봄부터 소쩍새는
그렇게 울었나 보다

한 송이 국화꽃을 피우기 위하여
천둥은 먹구름 속에서
또 그렇게 울었나 보다

▲ 서정주 〈국화옆에서〉

<table>
<tr><td>오늘의
다른
한국사</td><td>· 1361년 공민왕이 홍건적의 침략을 피해 안동으로 피난가다 (음 1361.11.19.)
· 1897년 손병희가 동학의 제3대 교주가 되다</td></tr>
</table>

1월 5일

1875년 1월 5일(음력 1874년 11월 28일)
민비의 오라비 민승호 일가가 폭사하였습니다.

1873년 대원군이 하야하고 민비의 일가 여흥 민씨가 권력을 쥐게 되면서
민비의 오라비 병조판서 민승호는 뇌물을 탐냈습니다.
어느 날 민승호의 집으로 선물 상자가 배달됩니다.
그가 무심코 상자를 열자, 그 안의 폭탄이 터져서
민승호와 그의 아들 그리고 민승호의 어머니까지 즉사하였습니다.

일설에 의하면 민승호는 죽으면서 나지막이 "운현궁"을 외쳤다고 합니다.
운현궁이면 대원군이 죽였다는 것인데…

▲ 흥선대원군의 거처 운현궁

오늘의 다른 한국사
· 1924년 의열단원 김지섭이 일본 궁성 이중교에 폭탄을 투척하다
· 2020년 영화 〈기생충〉이 한국영화 최초로 제77회 골든 글로브 외국어영화상을 수상하다

12월 23일

1972년 12월 23일
박정희가 통일주체국민회의에서 8대 대통령으로 선출되었습니다.

유신헌법의 통과로 체육관에서 대통령 선거가 치러졌습니다.
통일주체국민회의 2,359명 선거인단 100% 투표.
박정희 득표수 2,357표, 지지율 99.9% 무효표 2표.
나흘 후인 12월 27일, 대한민국 8대 대통령 취임식이 열렸습니다.
그러나 전 세계 모든 국가들이 대한민국 대통령 취임식을 외면했습니다.
각국 정상의 축전은커녕, 한국에 주재하는 외교관들도 오지 않았습니다.

전 세계가 대한민국에 등을 돌렸지만 세 나라만이 의리를 지켰습니다.
그 나라는 대만과 가봉, 에티오피아였습니다.

▲ 통일주체국민회의

· 1951년 이승만이 자유당을 창당하다

1월 6일

1978년 1월 6일
단양적성비가 발견되었습니다.

단국대 조사팀이 충북 단양에서 온달의 유적을 찾아 헤매던 중
신발에 묻은 흙을 털던 돌부리가 알고 보니 단양적성비였습니다.

6세기 신라의 정복 군주 진흥왕은 비석의 왕이기도 하였습니다.
한강 상류를 장악하고 단양적성비를
한강 하류를 장악하고 북한산 순수비를
대가야를 점령하면서 창녕비를
함경도에 진출하면서 황초령비와 마운령비를 세웠습니다.

- 적성: 석회암 지대의 빨간 흙인 테라로사로 만들어진 성
- 순수비: 왕이 직접 만든 비석, 단양적성비를 제외한 나머지는 모두 진흥왕의 순수비임

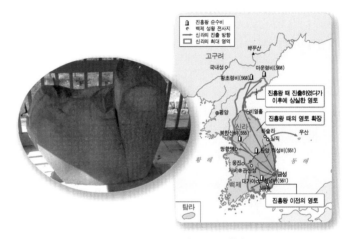

▲ 단양적성비와 진흥왕의 영토 확장

오늘의 다른 한국사
· 1920년 조선일보와 동아일보의 발행이 허가되다
· 1996년 영원한 가객 김광석이 세상을 떠나다

12월 22일

1909년 12월 22일
이재명 의거가 있었습니다.

매국노 이완용이 명동성당에서 나와 마차에 오르려 할 때
군밤 장수로 위장한 이재명이 칼을 꺼내 이완용을 찔렀습니다.
이완용의 집으로 끌려가 조사를 받을 때도 청년 이재명은 당당했습니다.
"더러운 냄새가 나니 담배 한 개피 가져오라."

이재명은 이듬해 24살의 나이로 사형을 당합니다.
"내가 죽어 수십만 명의 이재명으로 환생하여 기어이 일본을 망하게 하겠다."

이완용은 용케도 살아 남았지만, 평생 말할 때마다 "쉭쉭" 소리가 났다고 합니다.

▲ 이재명과 그의 동상

오늘의
다른
한국사

· 1997년 구속 및 수감 중이던 전두환과 노태우가 김대중의 특별사면으로 석방되다
· 2008년 국내 최초 이지스함인 세종대왕함이 배치되다

1월 7일

1895년 1월 7일 (음력 1894년 12월 12일)
고종이 종묘에서〈독립서고문〉을 고하였습니다.

고종은 종묘에서〈독립서고문〉을 발표하며 청으로부터의 독립을 천명합니다.
이렇게 보면 고종이 대단해 보이지만
이는 청일전쟁에서 승기를 잡은 일본의 압박에 의한 것이었습니다.

고종은 분명히 암군입니다.
오로지 자신의 안위를 위해서만 정치적 결정을 내렸고
왕실의 재산 증식을 위해 매관매직을 주도한 군주였습니다.
차라리 고종이 선조나 인조처럼 이기적이고 머리라도 좋았더라면…

▲ 고종과 종묘

 오늘의 다른 한국사

· 1926년 조선총독부가 경복궁 앞 새 청사로 이전하다
· 1948년 UN 한국임시위원단이 남북한 총선을 위해 인구 조사를 하려 남한을 방문하다

12월 21일

1963년 12월 21일
광부들이 서독에 파견되었습니다.

대한민국의 광부 123명이 외화를 벌기 위해 서독으로 파견되었습니다.
만리타향에서 인종차별 당하며
가장 힘든 곳에서 일한 대가로 외화를 벌어들이고
고국으로 귀한 임금을 송금한 파독 노동자분들.
여러분들 덕에 지금의 대한민국이 있습니다.

박정희 대통령은 서독을 방문하여
그곳에 파견된 광부들과 간호사들을 만났습니다.

▲ 박정희 서독 방문과 파독 광부들

오늘의
다른
한국사

· 1905년 대한제국 초대통감에 이토 히로부미가 임명되다
· 2001년 서해안 고속도로가 개통되다

1월 8일

1932년 1월 8일
이봉창이 일왕에게 수류탄을 던졌습니다.

"제 나이가 31세입니다.
인생의 목적이 쾌락이라면 31년 동안 인생의 쾌락은 대강 맛보았습니다.
그런 까닭에 이제는 영원한 쾌락을 얻기 위하여
우리 독립 사업에 헌신하고자 상하이에 왔습니다."

한인애국단원 이봉창은 일본의 치안을 책임지는 도쿄 경시청 정문 앞에서 의거를 하여
일본 경찰의 자존심에 큰 상처를 주었습니다.
이후 이봉창의 의거는 윤봉길의 의거로 계승됩니다.

▲ 이봉창의 원본·합성사진

 오늘의 다른 한국사

· 1390년 이성계가 우왕과 창왕을 처형하다 (음 1389.12.14.)
· 1949년 반민족행위특별조사위원회가 첫 피의자로 친일기업가 박흥식을 체포하다

12월 20일

1962년 12월 20일
대한민국 문화유산에 대한 국보 지정이 실시되었습니다.

1959년에 발견된 서산마애삼존불상은 국보 84호로 지정되었습니다.
오래전 마애불을 보러 길도 없는 산기슭을 미끄러져 가며 올라갔을 때 받은 충격.
할머니들이 이곳을 대체 어떻게 올라오셨을까?
종교의 힘이란…
그때 기억으로 불상은 분명히 눈, 코, 입이 보이지 않는 몽달귀신이었습니다.

몇 년 후 다시 서산을 방문했을 때는 예쁜 나무 계단이 만들어져 있었고
선명하게 드러낸 서산마애삼존불상의 눈, 코, 입을 볼 수 있었습니다.
모나리자의 미소를 뛰어넘는 백제의 미소였습니다.

▲ 서산마애삼존불상

오늘의
다른
한국사

· 1940년 애국가가 우리나라 국가로 채택되다
· 1999년 국내 최초 관측 위성인 아리랑 1호를 발사하다

1월 9일

1995년 1월 9일
드라마 〈모래시계〉가 첫 방영되었습니다.

5·18 광주민주화운동을 소재로 한 최초의 드라마로 70%의 시청률을 달성하였습니다.
태수(최민수)가 사형을 당하기 전, 그의 친구이자 검사 우석(박상원)이 양심고백을 합니다.
"나 광주에서 너를 봤어."
몇 년 전 광주에서 시민에게 총구를 겨눴던 자신은
사회정의를 실천해야 하는 검사가 되어 친구에게 사형을 구형했지만
그날의 너는 자랑스러운 시민군이었음을…

사형당하기 직전, 태수의 마지막 한마디
"나 떨고 있냐? 그게 겁나. 내가 겁낼까 봐."

▲ 드라마 〈모래시계〉

 오늘의 다른 한국사

· 1637년 병자호란이 일어나자 인조가 남한산성으로 피난을 떠나다 (음 1636.12.14.)
· 1885년 갑신정변 문제로 조선과 일본이 한성조약을 체결하다 (음 1884.11.24.)

12월 19일

1932년 12월 19일
윤봉길 의사가 순국하였습니다.

상하이 훙커우 공원에서 체포된 윤봉길은
8개월 뒤 일본 오사카 근처에서 형장으로 다시 끌려가
미간에 총알을 맞고 13분 뒤에 숨졌습니다.
일제는 미리 파놓은 2m 깊이의 구덩이에 그의 시신을 봉분하지 않고 매장하여
많은 사람이 그 위를 밟고 지나가도록 했습니다.

이 원한을 어찌 갚을까요.

▲ 윤봉길

 오늘의
다른
한국사

· 1911년 이상설이 블라디보스톡 신한촌에서 권업회를 조직하다
· 2002년 16대 대통령 선거에서 민주당 노무현 후보가 당선되다

1월 10일

1949년 1월 10일
이승만이 친일파 처벌에 대한 최소화 담화를 발표하였습니다.

해방 이후 반민족행위처벌법이 제정되면서 반민특위가 설치되었습니다.
화신백화점 사장 박흥식을 비롯해 친일반민족행위자 노덕술·이광수·최남선·최린 등이 체포됩니다.
그러자 이승만은 대국민 담화문을 발표하였습니다.
"반공투사를 친일파라며 잡아들이는 반민특위는 누굴 위한 단체인가?"
이때부터 친일파 처벌을 주장하는 사람들은 빨갱이가 되어버립니다.

오늘날 대한민국의 시대착오적인 좌우대립과 이념갈등의 시작은
이승만의 친일파 처벌 실패에서 기인합니다.
이러한 이승만을 숭배하며 기념관까지 짓는 세상이라니…

▲ 체포되는 친일파와 박흥식

오늘의
다른
한국사
· 1931년 조선어연구회가 총회를 열고 단체 이름을 조선어학회로 바꾸다

12월 18일

1997년 12월 18일
대한민국 역사상 최초로 평화적 정권교체가 이뤄졌습니다.

1997년 대선에서 야당 김대중 후보가 여당 이회창 후보를 이기고 당선되면서
대한민국 역사상 최초로 여야 간의 평화적 정권교체가 이뤄졌습니다.
1971년·1987년·1992년 대선에서 낙방했던 김대중은
4수 끝에 대한민국 대통령이 되었습니다.
자신은 준비된 대통령임을 내세웠던 김대중 후보는
당선 다음 날부터 당선자 신분으로 IMF 경제위기 극복을 위한 노력을 시작합니다.

참고로 4·19 혁명으로 이승만을 하야시키고 장면 내각이 들어섰지만
평화적 정권교체라 말하기는 어렵습니다.

▲ 김대중 당선 직후

 오늘의 다른 한국사

· 1908년 동양척식주식회사가 설립되다
· 2000년 거스 히딩크가 대한민국 축구 대표팀 감독에 선임되다

1월 11일

1994년 1월 11일
허영호가 이끄는 남극탐험대가
남위 90도 남극점을 정복하였습니다.

남극점에 태극기가 꽂혔습니다.
허영호 대장을 비롯한 4명의 한국 남극탐험대가
영하 30~40도의 혹한과 눈보라를 뚫고
장장 40일간 1,400㎞에 달하는 거리를 걸어 남극을 정복했습니다.

한국은 노르웨이 아문센 탐험대가 인류 최초로 남극점에 선 이후
영국·이탈리아·일본에 이어 도보로 탐험에 성공한 4번째 나라가 됐습니다.

▲ 허영호 남극탐험대

오늘의
다른
한국사

· 1914년 호남선 철도 전구간이 개통되다
· 1983년 해방 후 처음으로 일본의 총리 나카소네가 한국을 방문하다

12월 17일

1987년 12월 17일
13대 대선을 통해 노태우가 당선되었습니다.

6월 항쟁은 노태우의 6·29 선언과 직선제 개헌으로 이어졌습니다.
이렇게 실시된 1987년 대선은 1971년 대선 이후
16년 만에 국민이 직접 뽑는 대통령 선거였기에 관심이 지대했습니다.

1노(노태우)와 3김(김영삼, 김대중, 김종필)의 대결이었습니다.

결국 전두환의 후계자 노태우가 당선됐으니
죽 쒀서 개 주었습니다.

▲ 1노 3김

· 2011년 북한의 김정일 국방위원장이 심근경색으로 사망하다

1월 12일

1950년 1월 12일
애치슨 라인이 발표되었습니다.

중국의 공산화, 주한미군 철수, 조선의용군의 북한 인민군 편입 등
누가 봐도 한반도에서 전쟁이 일어날 것만 같은 시점에
미국 국무장관 애치슨은 미국의 극동 방위선(애치슨 라인)을 발표합니다.
한반도와 대만을 미국의 방위선 바깥에 표시함으로써 공산 세력이 한반도를 침략해도
미국은 개입하지 않겠다는 것을 전 세계에 공표한 것이었습니다.

2010년 수능 근현대사 18번 문제의 정답입니다.
⑤ 미국의 애치슨 선언은 북한의 전쟁 준비에 영향을 끼쳤다.
애치슨 선언을 왜 그 시점에 발표했는지 진실은 미국이 알고 있습니다.

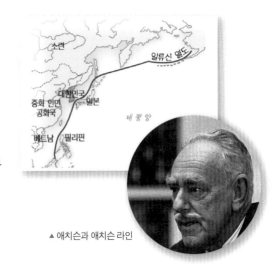

▲ 애치슨과 애치슨 라인

오늘의
다른
한국사

· 1923년 의열단원 김상옥이 종로경찰서에 폭탄을 투척하다
· 1998년 IMF 경제위기를 극복하기 위한 '전국민금모으기운동'이 시작되다

12월 16일

1598년 12월 16일(음력 1598년 11월 19일)
이순신이 전사하였습니다.

이순신은 퇴각하겠다는 일본군을 기어이 막아섰습니다.
명나라 수군 제독 진린 역시 이순신을 따라 함께 싸웠습니다.
마지막 전투여서인지 노량에서 이순신의 전투 방식은 분명 예전과 달랐습니다.
아군의 피해를 계산하지 않고 일본군을 한 명이라도 더 죽이기 위한 전투.
그곳에서 이순신은 총탄에 맞았습니다.
"싸움이 급하니 부디 내 죽음을 말하지 말라."

이순신은 노량에서 이런 마음으로 싸웠습니다.
"저들의 후손이 우리 후손을 업신여기지 않도록 하라."

▲ 노량해전과 영화 〈노량〉

 오늘의 다른 한국사 · 1945년 모스크바에서 한국 문제를 다루는 3국 외상회의가 열리다

1월 13일

936년 1월 13일(음력 935년 12월 12일)
신라가 멸망하였습니다.

견훤이 경주 포석정에서 신라 경애왕을 죽이고 경순왕을 즉위시켰습니다.
그러나 경순왕은 친고려정책을 표방한 후
끝내 고려의 왕건에게 나라를 바칩니다.

천년왕국 신라가 멸망했습니다.
신라의 마지막 왕이 된 경순왕은 고려에 귀순해 편한 여생을 보냈지만
그의 아들 마의태자는 망국을 슬퍼하며 평생을 산에서 보냈습니다.

● 포석정: 귀족들이 술잔을 물에 띄우고 시를 지으며 놀던 곳

▲ 경주 포석정

· 1903년 미국 하와이에 최초의 한국인 이민자가 도착하다
· 1962년 국가재건최고회의에서 제1차 경제개발 5개년 계획을 발표하다

12월 15일

1955년 12월 15일
북한에서 박헌영이 사형을 선고받았습니다.

남로당의 창시자 박헌영은 해방 후 미군이 남한으로 들어오자
관 속에 숨어 북한으로 들어갑니다.
이후 박헌영은 북한의 부수상이 되었지만
미제의 간첩이라는 누명을 쓰고 김일성에게 숙청당합니다.

조선 최고의 미녀 주세죽과의 사랑.
그리고 노래 〈눈물젖은 두만강〉의 주인공이었던 박헌영은
남한에서는 빨갱이로, 북한에서는 미제의 간첩으로 기억되고 있습니다.

▲ 박헌영과 주세죽

오늘의
다른
한국사

· 1950년 한국전쟁 때 흥남철수가 시작되다
· 2006년 반기문이 유엔 사무총장에 취임하다

1월 14일

1987년 1월 14일
박종철 고문치사 사건이 발생하였습니다.

민주화 시위로 체포된 서울대 언어학과 박종철이
경찰의 모진 고문으로 사망하였습니다.
당황한 경찰은 이렇게 발표합니다.
"탁 치니 억 하고 죽었다."

박종철의 시신을 검안한 중앙대학교 의사는 이렇게 말했습니다.
"사망한 박종철 군의 폐에서 물소리가 많이 났습니다."

▲ 박종철 영정사진을 든 침묵시위

오늘의
다른
한국사

· 1946년 남조선국방경비대가 창설되다
· 1978년 여배우 최은희가 홍콩에서 북한으로 납치되는 사건이 발생하다

12월 14일

2011년 12월 14일
평화의 소녀상이 설치되었습니다.

일본대사관 앞에서 열리는
일본군 성노예 피해자 할머니들의 1,000번째 수요시위를 기념하여
김운성·김서경 부부 조각가가 일본대사관 맞은 편에 평화의 소녀상을 설치했습니다.

두 부부는 우리만 일본에 사죄를 요구할 수는 없다는 생각에
베트남전 당시 한국군의 민간인 학살을 사죄하는 의미에서
아이를 잃은 여인을 나타내는 피에타상을 한국과 베트남에 설치했습니다.

▲ 평화의 소녀상과 베트남 피에타상

 오늘의 다른 한국사

· 1926년 김구가 임시정부 3대 국무령에 취임하다

1월 15일

2011년 1월 15일
아덴만여명작전이 실시되었습니다.

대한민국 화물선이 소말리아 해적에게 피랍되는 일이 발생하자
대한민국 해군 청해부대는 아덴만 해역에서 구출작전을 전개합니다.
청해부대는 소말리아 해적을 물리치고
피랍된 삼호 주얼리호와 21명의 한국인 선원을 전원 구출하는 데 성공합니다.
한국군이 해외에서 수행한 최초의 인질구조작전이었습니다.

대한민국 해군은 이순신의 후예입니다.

▲ 아덴만여명작전

오늘의 다른 한국사

· 1254년 김윤후가 충주성전투에서 몽골군에게 승리하다 (음 1253.12.18.)
· 1913년 조선국권회복단이 조직되다

12월 13일

1991년 12월 13일
남북기본합의서가 발표되었습니다.

냉전체제가 붕괴되자 남북한은 유엔에 동시 가입을 하였습니다.
그리고 직후 열린 남북 고위급 회담에서 남북기본합의서를 채택합니다.
"남북한은 화해하고 상호 불가침한다."
"국가 대 국가 간의 교류가 아닌 민족 내부 교류를 한다."
"남북한은 통일을 위해 함께 노력해야 하는 잠정적 특수관계다."

남북기본합의서 채택은 노태우 정부 때의 일이었습니다.
지금의 대한민국에서 보수라 자처하는 사람들에게 묻고 싶습니다.
남북기본합의서에 찬성하십니까?

▲ 남북 고위급 회담

오늘의 다른 한국사

· 1990년 노태우가 한국 대통령 최초로 소련을 방문하다

1월 16일

1864년 1월 16일 (음력 1863년 12월 8일)
철종이 승하하고 이하응이 흥선대원군이 되었습니다.

강화도령 철종이 승하하자 왕실의 큰어른 대왕대비 조씨는
이하응의 막내 아들 이명복(고종)을 양자로 삼은 후 왕위에 올렸습니다.

왕의 아버지는 왕인 것이 일반적이지만
아버지가 왕이 아닐 경우 대원군이라는 칭호를 내렸습니다.
흥선대원군 이전에 세 명의 대원군이 있었습니다.
선조의 아버지 덕흥대원군, 인조의 아버지 정원대원군, 철종의 아버지 전계대원군.
모두 죽은 후 대원군 칭호를 받았습니다.
그러나 고종의 아버지 이하응은 유일하게 살아생전 대원군 칭호를 받았습니다.

▲ 흥선대원군

오늘의
다른
한국사

· 1866년 조선의 마지막 법전 《대전회통》이 편찬되다 (음 1865.11.30.)
· 1944년 《광야》를 쓴 이육사가 사망하다

12월 12일

1979년 12월 12일
12·12사태가 일어났습니다.

박정희 대통령 시해 사건인 10·26 사태 이후 계엄이 선포된 상태에서
보안사령관 전두환을 중심으로 뭉친 군부 내 사조직 하나회는
계엄사령관이었던 정승화를 체포하는 12·12 군사반란을 일으켰습니다.
장태완 수도경비사령관과 정병주 특전사령관이
하나회의 쿠데타를 막아보려 했으나 역부족이었습니다.

전두환과 노태우는 쿠데타에 성공한 후 이에 저항하는 광주 시민들을 학살하고
절친답게 서로 돌아가면서 대통령까지 한 뒤
감옥 또한 함께 갔습니다.

▲ 12·12 사태로 체포되는 정승화와 영화 〈서울의 봄〉

오늘의
다른
한국사

· 1948년 유엔 총회에서 대한민국을 유일한 합법정부로 승인하다
· 1993년 부여 능산리고분에서 금동대향로가 발굴되다

1월 17일

1537년 1월 17일(음력 1536년 12월 26일)
율곡 이이가 태어났습니다.

조선의 천재 이이는 강릉 오죽헌에서 신사임당의 아들로 태어났습니다.
이이가 얼마나 천재였냐고요? 그는 구도장원공이었습니다.
바른 성품과 정쟁에 휘말리지 않는 평정심, 국가와 민생에 대한 철학과 비전 제시까지.
이이의 콤플렉스라고는 잠시 승려 생활을 했다는 것뿐이었습니다.

훗날 이이를 계승한 율곡학파(서인, 노론)와 이황을 계승한 퇴계학파(남인)의 대립이
조선의 시대착오적인 이기론을 심화시키고 붕당정치의 폐해로 이어졌으니
혹자는 말합니다. 조선은 이황과 이이 때문에 망했다고…

● 구도장원공: 과거에 9번 장원급제함

▲ 천원권(이황)과 오천원권(이이)

오늘의
다른
한국사
· 1946년 해군사관학교가 창설되다
· 1974년 독립운동가 박열이 일본 감옥에서 사망하다

12월 11일

1992년 12월 11일
부산 초원복집 사건이 일어났습니다.

1992년 대선을 1주일 앞둔 상황에서
김기춘을 비롯한 부산의 기관장(시장·교육감·검사장·경찰청장)이 모인 자리에서…
"김영삼 후보가 낙선하면 부산 사람들 다 같이 영도다리에 빠져 죽어야 해."

도청된 내용을 통일국민당 정주영 후보 측에서 언론에 폭로하였으나
대부분의 언론은 관권선거 문제보다 불법도청에 초점을 맞췄습니다.
결과적으로 부산 지역의 표가 김영삼에게 쏠리게 되었으니…

"우리가 남이가?"

▲ 김기춘과 초원복집 사건

 오늘의 다른 한국사 · 2007년 경의선이 56년 만에 처음으로 남북한 구간 운행을 시작하다

1월 18일

1952년 1월 18일
이승만 라인이 발표되었습니다.

이승만 대통령이 이승만 라인(평화선)을 발표하며
독도가 우리 영토임을 공표하였습니다.
이승만의 업적 중 가장 잘한 일입니다.
그러나 1965년 박정희 정권이 한일어업협정을 체결하면서
이승만의 평화선은 철폐됩니다.

이승만이 되찾은 독도를 박정희가 내주었다?
박정희 정권의 독도밀약을 찾아보세요.

▲ 이승만 라인

12월 10일

2000년 12월 10일
김대중 대통령이 노벨평화상을 수상하였습니다.

2000년은 노벨평화상 수상 100년째 되는 해였습니다.
13번이나 노벨평화상 후보로 올랐던 김대중은
민주주의와 인권 그리고 한반도 평화를 증진시킨 공로로
한국인 최초로 노벨평화상을 수상하였습니다.

김대중의 수상을 반대하는 사람도 있었고
수상을 폄훼하는 이상한 사람들이 지금도 있습니다.
노벨상 수상위원회가 자기들 수준이라고 생각하나 봅니다.

▲ 김대중 노벨평화상 수상

오늘의 다른 한국사
· 1922년 안창남이 여의도에서 고국 방문 비행을 하다
· 1950년 임시정부 부주석 김규식이 북한에 납북되고 사망하다

1월 19일

2014년 1월 19일
하얼빈역에 안중근기념관이 개관하였습니다.

1909년 안중근은 하얼빈역에서
을사늑약의 원흉이자 조선의 초대통감 이토 히로부미를 저격하였습니다.

하얼빈역은 항상 많은 사람들로 인산인해를 이룹니다.
소란스럽게 들리는 중국말을 지나치고 안중근기념관에 들어서면
왠지 마음이 편안하고 따뜻해집니다.

안중근은 이곳에서 얼마나 고독한 싸움을 했을까요.

▲ 하얼빈역 안중근기념관과 의거 현장

 오늘의
다른
한국사

· 1927년 신간회가 발기인대회를 열어 3대 강령을 발표하다
· 1970년 박정희 정권이 이중곡가제를 실시하다

12월 9일

1941년 12월 9일
한국광복군이 일본에 선전포고를 하였습니다.

1940년 충칭 임시정부에서 창설된 한국광복군은
1941년 대일 선전포고를 하였고
1942년 김원봉의 조선의용대를 합류시켰고
1943년 인도와 미얀마에서 영국군과 연합작전을 했으며
1944년 미국 OSS와 연합훈련을 하였고
1945년 국내 진공 계획을 준비했습니다.

한국광복군의 총사령관은 지청천이었고, 부사령관은 김원봉이었습니다.
한국광복군은 좌우 합작부대였습니다.

▲ 한국광복군

오늘의
다른
한국사

· 1968년 울진과 삼척 무장공비가 이승복 일가족을 학살하다
· 1993년 김영삼 정권이 수입산 농수산물 시장을 개방하다
· 2016년 박근혜 대통령 탄핵소추안이 국회에서 가결되다

1월 20일

1520년 1월 20일 (음력 1519년 12월 20일)
조광조가 사약을 먹고 죽었습니다.

벌레가 갉아먹은 나뭇잎에 글자가 나타났습니다.
"주초위왕走肖爲王"
주走 자와 초肖 자를 합치면 조趙 자가 됩니다.
이 소식을 들은 중종은 조광조를 비롯한 사림파를 대대적으로 숙청하였습니다.
그러나 이 사건은 조광조와 사림파가 억울하게 죽은 기묘사화를 극대화하기 위해
후대에 만들어진 이야기입니다.

조광조가 기묘하게 죽은 기묘사화?

● 주초위왕: 조씨가 왕이 된다는 뜻

▲ 용인시 수지 조광조의 묘와 주초위왕

오늘의
다른
한국사

· 2011년 대한민국 대법원이 간첩 혐의로 사형된 조봉암에게 52년 만에 무죄판결을 내리다
· 2020년 대한민국에서 코로나19 최초 확진자가 발생하다

12월 8일

1943년 12월 8일
한글학자 이윤재가 옥사하였습니다.

1931년에 만들어진 조선어학회는
《맞춤법통일안》을 만들어 표준어를 제정했으며
《우리말 큰 사전》 편찬을 위해 노력했습니다.
일제는 조선의 국문학자들이 독립운동을 전개한다는 명목으로
1942년 조선어학회사건을 일으켜 국문학자들을 구속하고 고문했습니다.
《우리말 큰 사전》 편찬은 중단되었고
국문학자 이윤재는 옥중에서 생을 마감합니다.

영화 〈말모이〉에서 조선어학회사건을 다루었습니다.

▲ 이윤재와 영화 〈말모이〉

오늘의
다른
한국사

· 1791년 신해박해가 일어나 윤지충이 순교하다 (음 1791.11.13.)

1월 21일

1968년 1월 21일
1·21 사태가 일어났습니다.

북한의 대남공작 특수부대 124부대 31명이 청와대를 습격하여
대한민국 대통령 박정희를 시해하려다 미수에 그친 사건이 발생합니다.
124부대 31명의 대원 중 1명은 도주, 1명은 생포, 나머지는 모두 사살되었습니다.
생포된 김신조는 이렇게 말했습니다.
"박정희 목 따러 왔습니다."

1·21 사태 이후 인천 앞바다 실미도에서는 김일성 암살을 위한 684부대가 양성됩니다.
이는 훗날 실미도 사건의 빌미가 되었습니다.

▲ 체포되는 김신조와 실미도 684부대

 오늘의 다른 한국사
· 1413년 코끼리가 전 공조전서 이우를 밟아 죽이다 (음 1412.12.10.)
· 1919년 고종이 덕수궁에서 숨을 거두다

12월 7일

대설

1400년 12월 7일 (음력 1400년 11월 13일)
태종 이방원이 즉위하였습니다.

이방원은 선죽교에서 정몽주를 죽였습니다.
1차 왕자의 난을 일으켜 이복동생 방석·방번과 정도전을 죽였고
2차 왕자의 난을 막아 친형 방간을 유배보냈습니다.
이후 친형 정종에게 양위를 받아 왕이 된 후 처남 4명을 죽이고
세종에게 왕 자리를 물려주면서 세종의 장인 심온을 죽였습니다.
태종 이방원은 왕이 되기 위해 그리고 왕권강화를 위해
무던히도 피를 묻혔습니다.

태종은 아들 세종의 태평성대를 위한 모든 준비를 마쳤습니다.

▲ 드라마 〈태종 이방원〉

 오늘의 다른 한국사
· 1941년 일본이 진주만 공습하여 태평양전쟁이 시작되다
· 2007년 충남 태안 앞바다에서 원유 1만 5백 톤이 유출되다

1월 22일

1923년 1월 22일
의열단원 김상옥 의사가 순국하였습니다.

종로경찰서에 폭탄을 투척한 김상옥.
그는 자신을 체포하려 투입된 천여 명의 일본 경찰을 농락하였습니다.
지붕을 넘나들며 총격전을 전개하던 김상옥은 결국 일본 경찰에게 포위당합니다.
"대한 독립 만세!"
"탕"

일본 경찰들은 김상옥의 시신조차 두려워 한동안 다가가지 못했습니다.
김상옥은 일본 경찰이 쏜 열 발의 총알이 몸에 박혔지만 죽지 않았고
자신에게 남은 마지막 한 발로 스스로 생을 마감했습니다.

▲ 김상옥

오늘의
다른
한국사

· 1108년 예종이 윤관을 여진 정벌에 파견하다 (음 1107.12.1.)
· 1990년 노태우·김영삼·김종필이 3당 합당을 시도하여 민자당이 탄생하다

12월 6일

1995년 12월 6일
해인사 장경판전이 세계문화유산에 등록되었습니다.

몽골의 침략으로 《초조대장경》이 불타자
고려 무신 정권은 불심으로 몽골의 침략을 이겨내고자
강화도와 남해도에서 《팔만대장경》을 만들기 시작했습니다.
16년에 걸쳐 완성된 《팔만대장경》은 조선 세조 때 해인사 장경판전으로 옮겨져
지금껏 보관되어 내려오고 있습니다.

《팔만대장경》은 유네스코 세계기록유산이고
해인사 장경판전은 유네스코 세계문화유산입니다.
같은 날 불국사와 석굴암도 유네스코 세계문화유산에 등록되었습니다.

▲ 《팔만대장경》과 해인사 장경판전

오늘의
다른
한국사

· 1907년 정미의병이 이인영을 중심으로 모여 13도 창의군을 결성하다

1월 23일

1968년 1월 23일
미국 푸에블로호가 북한에 피랍되었습니다.

북한은 자신들이 납치했던
미국의 첩보선 푸에블로호의 선원 82명을 미국으로 송환했습니다.
그러나 푸에블로호만큼은 돌려주지 않았습니다.
훗날 푸에블로호는 북한 학생들의 수학여행 단골 코스가 되었습니다.

전 세계에서 미국의 군함을 납치할 수 있는 나라가 북한 말고 또 있을까요?

▲ 북한에 전시되고 있는 푸에블로호

오늘의
다른
한국사

· 1948년 소련과 북한이 UN 한국임시위원단의 입북을 거부하다
· 1997년 재계 순위 14위 한보철강이 최종 부도를 선언하다

12월 5일

1894년 12월 5일 (음력 1894년 11월 9일)
우금치전투에서 동학군이 패배하였습니다.

동학군은 경복궁을 점령한 일본군을 몰아내기 위해 한양으로 향하던 중
공주 우금치 고개에서 게틀링 기관총으로 중무장한 일본군과 마주합니다.
동학군은 겨우 죽창만을 든 채 일본군을 향해 돌격했지만 큰 패배를 당했습니다.
오늘날까지 우금치전투가 있었던 곳에서는
산 정상을 향해 포개진 동학군의 시신이 발견됩니다.

시인 신동엽은 말했습니다.
"동학년 곰나루의 그 아우성만 남고 껍데기는 가라."

● 곰나루: 곰 웅(熊)자와 나루터 진(津)자를 합친 말, 웅진은 백제 두 번째 수도로 지금의 공주

▲ 우금치 고개와 우금치 전적 위령탑

 오늘의 다른 한국사 · 2000년 오페라 〈영웅 이순신〉이 오페라의 본고장 이탈리아에서 초연되다

1월 24일

1930년 1월 24일
김좌진 장군이 암살되었습니다.

청산리대첩의 영웅 김좌진은 자유시참변 이후
북만주의 신민부를 이끌어 가며 정미소를 운영하였습니다.
당시 부의 상징이었던 정미소를 운영한 것이
독립운동 자금을 마련하기 위한 것인지, 재물에 대한 개인적인 욕심이었는지 알 수 없습니다.
이러한 연유로 북한에서는 김좌진을 독립운동가 명단에서 지워버립니다.
반면 남한에서는 사회주의자 박상실에게 암살당했다는 이유로
김좌진을 더욱 영웅시합니다.

▲ 김좌진

● 자유시 참변: 1921년 러시아 자유시에서 독립군 사이에 일어난 내분

오늘의
다른
한국사

· 1948년 허준의 《동의보감》 목판이 전주에서 발견되다
· 1989년 구정의 명칭을 '설날'로 변경하고 3일간 연휴로 확정하다

12월 4일

1884년 12월 4일(음력 1884년 10월 17일)
갑신정변이 발발하였습니다.

임오군란 이후 청의 내정간섭이 불만이었던 조선의 청년들.
안동 김씨 김옥균(당시 33세), 영의정 아들 홍영식(당시 29세)
철종 사위 박영효(당시 23세), 과거 합격자 서재필(당시 20세)
이들은 조선 접수를 계획합니다.

김옥균을 비롯한 급진개화파는 우정국 개국 축하연을 이용하여 온건개화파를 제거하고
고종을 경우궁으로 옮기며 쿠데타에 성공합니다.
또한 〈14개조 정강〉을 발표하며 조선을 탈바꿈하려 시도했지만
청군의 개입과 일본의 배반으로 청년들의 꿈은 3일 천하로 끝났습니다.

▲ 박영효·서광범·서재필·김옥균(왼쪽부터)

오늘의
다른
한국사

· 1950년 국군과 UN군이 수십만 명의 평양 피난민들과 철수하다

1월 25일

2016년 1월 25일
'푸른 눈의 목격자' 위르겐 힌츠페터가 사망하였습니다.

독일인 기자 힌츠페터는 1980년 광주의 참상을 영상에 담아 외국에 알린 인물입니다.
"기자 생활을 하면서 광주만큼 끔찍하고 참혹한 현장은 본 적이 없다."
"영상을 찍다가도 몇 번이나 눈물이 터져 촬영을 중단했다."

아이러니하게도 그가 사망한 뒤부터
5·18 민주화운동을 왜곡하는 이들이 많아졌습니다.

기억하는 자들이 사라지면 역사는 왜곡됩니다.

▲ 위르겐 힌츠페터와 영화 〈택시운전사〉

오늘의
다른
한국사

· 1949년 반민족행위특별조사위원회가 친일경찰 노덕술을 체포하다
· 1983년 시라소니 이성순이 68세로 사망하다

12월 3일

668년 12월 3일(음력 668년 10월 21일)

고구려가 멸망하였습니다.

고구려가 700년 왕조를 이어 나갈 동안 중국은 30여 나라의 흥망성쇠가 있었습니다.

고구려 대막리지 연개소문의 대당강경책은
당나라 태종·고종과의 대결을 불가피하게 만들었습니다.
당나라의 공격만 있었다면 충분히 이겨냈을 고구려였지만
백제가 멸망한 이후 몰려오는 나당연합군의 공격은 고구려를 벅차게 했습니다.

연개소문이 죽지 않았다면…
연개소문의 큰아들 연남생이 조국을 배반하지 않았다면…

▲ 졸본성과 올라가는 길

오늘의
다른
한국사

· 1995년 전두환이 12·12 사태와 5·18 학살의 주범으로 구속되다

1월 26일

1135년 1월 26일 (음력 1135년 1월 4일)
묘청의 서경천도운동이 시작되었습니다.

이자겸의 난으로 개경 궁궐이 소실되자 인종은 천도를 준비하며
묘청을 보내 서경에 새로운 궁궐을 짓게 했습니다.
개경 세력이었던 문벌귀족 김부식은 서경 천도를 반대하며 나섰고
묘청은 나라 이름을 '대위국'으로 하며 반란을 일으켰으나 진압당했습니다.

단재 신채호는 이렇게 평가했습니다.
"자주적이고 진취적인 묘청이 보수적이고 사대적인 김부식에게 패배하면서
우리 역사가 사대적으로 변했으니
묘청의 서경천도운동은 조선 역사상 '일천년래제일대사건'이다."

▲ 김부식과 묘청 동상

오늘의
다른
한국사

· 1485년 조선의 법전 《경국대전》이 완성되다 (음 1485.1.1.)
· 1949년 고구려 승려 담징이 그린 호류사 금당 벽화가 불에 타다

12월 2일

2000년 12월 2일

고인돌이 유네스코 세계문화유산에 등재되었습니다.

전 세계에서 고인돌이 가장 많은 나라는 대한민국입니다.
어느 정도로 많냐면
여러분이 등산하다 힘들어 바위에 걸터앉았을 때
그 바위가 고인돌일 확률이 높습니다(?).

한반도에서 볼 수 있는 거대한 탁자형 고인돌은
청동기 시대 계급 발생을 나타내는 증거가 되지만
곳곳에 있는 작은 고인돌은 청동기 시대의 일상적인 무덤이지 않았을까 생각합니다.
그중에서도 강화도와 고창, 화순에 있는 고인돌은 세계문화유산의 주인공들입니다.

▲ 탁자형 고인돌과 바둑판형 고인돌

오늘의
다른
한국사

· 1947년 해방정국에 장덕수가 암살되다
· 1972년 서울시민회관 화재 사고가 발생하다

1월 27일

772년 1월 27일 (음력 771년 12월 14일)
성덕대왕신종 '에밀레종'이 만들어졌습니다.

우리나라의 가장 오래된 동종은 오대산에 있는 상원사 동종입니다.
그러나 대중에게 가장 널리 알려진 동종은 통일신라 경덕왕이
아버지 성덕대왕을 기리기 위해 만들어진 성덕대왕신종일 것입니다.
종을 만드는 쇳물에 어린아이를 넣고 만들었다는 설화와 더불어
종이 울릴 때마다 엄마를 부르는 아이의 울음소리가 들렸다고 합니다.
"에밀레~ 에밀레~"
그래서 성덕대왕신종을 에밀레종이라고도 부릅니다.

이 설화는 일제강점기에 만들어진 것으로, 저는 믿지 않습니다.

▲ 경주국립박물관 에밀레종

오늘의 다른 한국사
· 1419년 조선 태종이 세종의 장인 심온을 사사하다 (음 1418.12.23.)
· 1652년 김자점이 능지처참을 당하다 (음 1651.12.17.)

12월 1일

1910년 12월 1일
덕수궁 석조전이 완공되었습니다.

덕수궁 석조전은 대한제국의 황제 고종이 집무실로 사용하기 위해
1900년부터 짓기 시작하였으나
안타깝게도 일본에 나라를 빼앗긴 직후에 완공이 되어서
우리나라의 정식 궁궐이 되지 못했습니다.

르네상스 양식의 덕수궁 석조전에는
대한제국역사관이 세워져 대한제국 황실의 모습을 재현하고 있습니다.

참고로 명동성당은 고딕 양식입니다.

▲ 덕수궁 석조전

오늘의
다른
한국사

· 1905년 손병희가 동학을 천도교로 개칭하다
· 1975년 국산 1호 승용차 포니가 생산되다

1월 28일

1898년 1월 28일
전화가 최초로 공식 개통되었습니다.

덕수궁에 설치된 전화기를 통해 고종황제의 명이 각 부처에 전달되었습니다.
고종의 전화가 울리면 대신들은 자리에서 무릎을 꿇고 큰절을 올린 다음
두 손으로 전화를 받아야 했습니다.

훗날 고종이 죽자 아들 순종은 홍릉(고종의 능)에 전화기를 설치하고
아침저녁으로 곡을 울렸습니다.
곡이 시작되면 능지기가 전화기를 들어 고종의 능에 가까이 대었다고 합니다.

▲ 최초 전화기 '덕률풍'

오늘의
다른
한국사

· 1637년 병자호란 당시 쌍령전투가 일어나다 (음 1637.1.3.)
· 1980년 박정희 대통령을 시해한 김재규가 사형을 선고받다

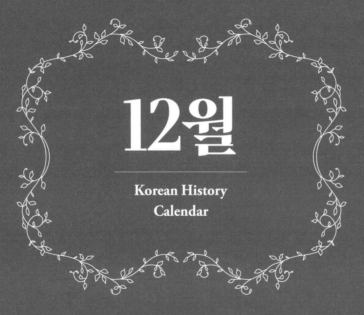

12월

Korean History
Calendar

1월 29일

1907년 1월 29일
국채보상운동이 시작되었습니다.

김광제와 서상돈의 주도로 일본에 빚진 1,300만 원을 갚고자 하는
국채보상운동이 대구에서 시작되었습니다.
남자들은 금주와 금연을 하며 돈을 모으고
여자들은 비녀와 가락지를 팔아 나라의 빚을 갚는 데 동참했습니다.
양기탁을 중심으로 한 신민회와 대한매일신보도 국채보상운동을 지원합니다.

일제는 양기탁에게 횡령 혐의를 씌워 구속했으나
양기탁은 결코 횡령을 하지 않았습니다.

▲ 대구 국채보상운동기념공원 서상돈·김광제 흉상

오늘의
다른
한국사

· 1908년 허위를 중심으로 13도 창의군이 서울진공작전을 개시하다

11월 30일

1905년 11월 30일
민영환이 자결하였습니다.

민영환은 임오군란 당시 구식 군인들에게 밟혀 죽은 민겸호의 아들입니다.
그가 미국·영국·독일·러시아 등을 방문한 뒤 개화의 필요성을 느끼며
독립협회를 지지하자 그의 가문 여흥 민씨는 민영환을 비판합니다.

민영환은 을사늑약이 체결되자 반대 상소를 올린 후 자결했습니다.
그의 피가 묻은 옷을 간직한 방에서 대나무가 솟았는데
사람들은 이를 '혈죽'이라 불렀습니다.

견부호자犬父虎子.

▲ 민영환과 혈죽

 오늘의 다른 한국사 · 1506년 연산군이 강화도에서 사망하다(음 1506.11.6.)

1월 30일

1948년 1월 30일
윤동주의 시집 《하늘과 바람과 별과 시》가 출간되었습니다.

죽는 날까지 하늘을 우러러 한 점 부끄럼 없기를… 〈서시〉
별 하나에 사랑과… 별 하나에 어머니… 〈별 헤는 밤〉
우물 속에는… 추억처럼 사나이가 있습니다… 〈자화상〉
모가지를 드리우고 꽃처럼 피어나는 피를… 〈십자가〉
그때 그 젊은 나이에 왜 그런 부끄런 고백을 했던가… 〈참회록〉

해방을 몇 달 앞두고 일본 후쿠오카 형무소에서
윤동주는 28세의 나이로 순국합니다.

▲ 윤동주와 그의 시집

오늘의 다른 한국사
· 1637년 병자호란 당시 김준룡이 광교산 전투에서 큰 승리를 거두다 (음 1637.1.5.)
· 1956년 친일반민족행위자이자 육군 특무대장 김창룡이 피살되다

11월 29일

1987년 11월 29일
KAL기 폭파 사건이 일어났습니다.

북한 공작원(?) 김현희가 대한항공 858편을 폭파시켜 115명이 사망하였습니다.
1987년, 대선을 2주 앞둔 시점이었습니다.
놀란 국민들의 반공 심리는 점점 커졌고
대선에서 노태우가 김영삼과 김대중을 이기고 당선되는 큰 계기가 되었습니다.

그런데 이상합니다.
이렇게 많은 사람을 죽인 김현희가 어떻게 대한민국에서 버젓이 잘살고 있죠?
그것도 국정원 직원과 결혼해서…
귀순한 것도 아니니 차라리 북한 가서 영웅 대접을 받고 살든지…

▲ KAL기 폭파 사건 주범 김현희와 사고 기사

오늘의
다른
한국사

· 1920년 노인단의 강우규가 서대문형무소에서 순국하다
· 2000년 반달곰이 17년 만에 지리산에서 발견되다

1월 31일

1812년 1월 31일 (음력 1811년 12월 18일)
홍경래의 난이 일어났습니다.

19세기 세도정치기에는 서북 지방 평안도에 대한 차별이 심했습니다.
과거에 낙방한 홍경래는 평안도 출신이라는 이유로 차별받았다고 생각하며
서북 지방의 몰락 양반과 상인 및 광산업자들을 모아 난을 일으킵니다.
홍경래의 반란군은 한때 평안북도의 중심지 정주성을 점령하기도 했으나
결국 조선 관군에게 진압당합니다.

반란에 참여한 자들이 항복을 선언함에도 불구하고
조선 관군은 무려 2,000여 명이나 되는 단순 가담자를 처형했습니다.
이는 조선 왕조의 서북인 학살이었습니다.

▲ 19세기 농민봉기의 전개

오늘의 다른 한국사
· 1269년 무신집권자 김준이 임연의 배반으로 죽다 (음 1268.12.21.)
· 1996년 가수 서태지와 아이들이 해체를 발표하면서 많은 여고생이 실신하다

11월 28일

1480년 11월 28일(음력 1480년 10월 18일)
어우동이 간통죄로 처형당하였습니다.

기생의 대명사로 알려진 어우동은 엄연한 양반가의 여식이었습니다.
전주 이씨 왕족 이동이라는 남자에게 시집을 갔으나
남편의 사랑을 받지 못했고 끝내 소박을 맞았습니다.
어우동은 자신의 삶이 억울했는지 자유로운 연애를 즐겼고
시문에 능했던 그녀와 연애를 위해 고관대작들이 경쟁할 정도였습니다.

어우동의 자유연애가 조정에 알려지면서
어우동은 간통죄가 아닌 패륜에 해당하는 강상죄로 죽습니다.
근데 이게 죽을 일까지는 아니지 않습니까?

▲ 신윤복 〈뱃놀이〉와 영화 〈어우동〉

오늘의
다른
한국사

· 1895년 고종이 경복궁을 탈출하려다 실패하는 춘생문 사건이 일어나다(음 1895.10.12.)
· 1941년 충칭 임시정부가 대한민국 건국 강령 삼균제도를 발표하다

2월

Korean History
Calendar

11월 27일

1943년 11월 27일
카이로선언이 발표되었습니다.

미국의 루스벨트, 영국의 처칠, 중국의 장제스는
국제 사회에서 한반도의 독립을 처음으로 약속했습니다.
김구와 김규식, 김원봉이 장제스를 찾아가 처칠과 루스벨트에게
한반도 독립에 대한 확약을 받을 것을 촉구하며 이뤄낸 성과였습니다.

"한국인이 일제 치하에서 노예 상태에 있음을 유의하여
적당한 시기에 한국을 자유독립하게 할 것을 약속한다."

당시 국제 사회가 바라볼 때 한국인은 일본인의 노예였습니다.

▲ 장제스·루스벨트·처칠

오늘의
다른
한국사 · 1395년 정도전이 새로운 궁궐 내 여러 전각의 이름을 짓다 (음 1395.10.7.)

2월 1일

1919년 2월 1일
무오독립선언(대한독립선언)을 발표하였습니다.

3·1 운동 당시 민족대표 33인은 태화관이라는 음식점에 숨어
겨우 만세 삼창을 하고 일본 경찰에 직접 자수함으로써
3·1 민중봉기의 구심점이 될 기회를 스스로 포기했습니다.
그래서 이들을 민족대표라고 할 수 없습니다.

진정한 민족대표는 만주에서 무오독립선언을 발표한
김좌진·박은식·신채호·안창호·이동휘·이승만 등 39인입니다.
조소앙이 작성한 무오독립선언서의 내용입니다.
"일본은 국제법규의 악마이고 인류의 적이다."

▲ 태화관

오늘의
다른
한국사

· 1906년 조선의 외교를 관장하는 통감부가 설치되다
· 1989년 대한민국이 동유럽 국가 중 헝가리와 처음으로 수교하다

11월 26일

1986년 11월 26일
평화의 댐 건설이 발표되었습니다.

"북한이 만든 금강산댐의 수문을 열면 63빌딩의 절반이 물에 잠깁니다."
"북한이 서울올림픽을 방해하기 위해 서울을 물바다로 만들려고 합니다."

전두환 정권은 평화의 댐 건설을 통해 북한의 도발을 막으려 했습니다.
전국적으로 대국민 모금 운동이 전개되면서
아이들도 고사리 같은 손으로 돼지 저금통을 들고 모금에 참여했습니다.

훗날 이 모든 것이 전두환 정권의 거짓말이었음이 밝혀지게 됩니다.
아이들의 동심까지 악용한 전두환은…

▲ 평화의 댐 기사와 모금운동

오늘의 다른 한국사

· 1394년 태조 이성계가 한양으로 천도하다 (음 1394.10.25.)

2월 2일

1989년 2월 2일
《무구정광대다라니경》이 복원되었습니다.

1966년 도굴꾼이 불국사의 석가탑을 파헤치는 일이 벌어졌고
훼손된 석가탑을 복원하는 과정에서 누구도 예상치 못한 유물이 발견되었습니다.
세계에서 가장 오래된 목판 인쇄본 《무구정광대다라니경》의 출현이었습니다.
도굴꾼 덕분에…

《무구정광대다라니경》은 복원 기술이 부족한 탓에 23년이 지나서야 복원됩니다.
참고로 세계에서 가장 오래된 금속 활자본은 《직지심체요절》입니다.

▲ 불국사 석가탑과 《무구정광대다라니경》

오늘의
다른
한국사

· 1908년 호남의병대장 기삼연이 일본군에게 체포되다
· 2001년 김우중 전 대우 회장의 41억 달러 해외 유출이 발표되다

11월 25일

2013년 11월 25일
채명신 장군이 사망하였습니다.

채명신 장군은 현충원의 장군 묘역에 묻히는 것을 스스로 거부하셨습니다.
"나를 파월 장병이 묻혀 있는 묘역에 묻어달라."
장군이 사병 묘역에 안장되길 희망한 것은 현충원 설립 사상 최초였습니다.

독립운동가이자 한국전쟁 한강방어의 영웅 김홍일 오성장군.
한국전쟁과 베트남전쟁의 영웅 채명신 장군.
전쟁 영웅이자 전두환 훈장 수여를 거부해 강제 예편을 당한 박경석 장군.

이분들이야말로 존경스러운 대한민국의 장성들이십니다.

▲ 채명신과 그의 묘

오늘의
다른
한국사

· 2002년 노무현과 정몽준이 후보 단일화를 하다
· 2004년 배용준이 일본을 방문하여 나리타 공항이 마비되다
· 2006년 국사편찬위원회가 주관하는 한국사능력검정시험이 처음으로 시행되다

2월 3일

1233년 2월 3일 (음력 1232년 12월 16일)

김윤후가 몽골군 총사령관 살리타를 죽였습니다.

몽골의 2차 침입이 발발하자 고려 최우 정권은 강화도로 천도합니다.
개경을 점령한 몽골의 살리타는 대구 부인사에 있는 초조대장경을 불태웠습니다.
부처님께 혼나야 하지 않겠습니까?
고려의 승려 김윤후는 지금의 용인 에버랜드 근처 처인성에서
부처님을 대신하여 몽골의 총사령관 살리타를 사살합니다.

초조대장경을 잃은 고려인들은 팔만대장경 작업에 들어갑니다.

▲ 용인 처인성과 처인성전투

오늘의
다른
한국사

· 1966년 대한제국의 마지막 황후이자 순종의 비, 순정효황후가 사망하다

11월 24일

993년 11월 24일 (음력 993년 윤달 10월 3일)
서희가 강동 6주를 확보하였습니다.

거란의 소손녕이 80만 대군을 이끌고 고려를 침략해 왔습니다.
서희는 고려 조정의 항복 논의를 반대하며 소손녕을 만나러 갑니다.

소손녕 日 "우리는 고구려의 후예다. 고려가 차지한 고구려 땅을 내놔라."
서희 日   "우리가 진짜 고구려의 후예다. 너희 수도도 우리 영토이다."
소손녕 日 "그렇다면 같은 고구려 후예끼리 친하게 지내자."
서희 日   "여진족이 길목을 막고 있어 힘들다."
소손녕 日 "여진족을 몰아낸 후 그 땅을 떼어줄 테니 통교하자."
서희 日   "그렇다면 고맙겠다."

▲ 서희와 강동 6주

오늘의
다른
한국사

· 1589년 기축옥사가 발생하자 고향에 있던 정여립이 자결하다 (음 1589.10.17.)

2월 4일

1945년 2월 4일
얄타회담이 개최되었습니다.

미국의 루스벨트, 영국의 처칠, 소련의 스탈린이 얄타에서 만났습니다.
"독일 패망 후 100일 안에 소련은 대일전에 참전한다."

그러나 소련이 대일전 참전에 망설이자 미국은 일본 히로시마에 원자폭탄을 투하합니다.
일본의 패망이 확실해지자 그제서야 소련은 일본에 선전포고를 하고
만주의 일본 관동군을 공격하며 한반도로 진격해 들어옵니다.

결과적으로 얄타회담은 미·소 양군의 한반도 주둔과 분단의 단초를 제공한
얄궂은 회담이었습니다.

▲ 처칠·루스벨트·스탈린

오늘의 다른 한국사

· 654년   부여에서 사택지적비가 건립되다 (음 654.1.9.)

11월 23일

1500년 11월 23일(음력 1500년 10월 22일)
홍길동이 체포되었습니다.

홍길동은 실제로 연산군 당시에 활동한 도적입니다.
광해군 때 쓰인 허균의 소설 《홍길동전》의 시대적 배경은 세종 재위기였습니다.
최근에는 홍길동이 만든 율도국이 오키나와였다고도 하는데…

저는 허난설헌의 오라비 허균을 좋아합니다.
양반이면서 서얼 출신의 스승을 두고 진심으로 존경한 허균.
"천하에 두려워해야 할 바는 오직 백성일 뿐이다."

광해군의 큰 실책은 이이첨을 살리고 허균을 죽였다는 것입니다.

▲ 허난설헌 생가와 《홍길동전》

 오늘의 다른 한국사

· 2010년 북한이 연평도를 포격하다

2월 5일

1108년 2월 5일 (음력 1107년 12월 15일)
척준경의 활약으로 석성을 점령하였습니다.

소드마스터의 대명사 척준경.
여진족이 석성에서 농성을 벌이자
척준경은 갑옷과 방패 하나만을 든 채 성벽을 기어올라
여진족을 도륙하고 석성의 성문을 열었습니다.
믿기 힘든 척준경의 활약으로 고려군은 석성을 점령하였습니다.

척준경은 우리 역사에서 소드마스터의 대명사가 됩니다.

▲ 척준경

 오늘의 다른 한국사
· 1886년 고종이 노비세습제를 폐지하다 (음 1886.1.2.)
· 1909년 나철과 오기호가 단군교인 대종교를 창시하다

11월 22일

김치의 날

1690년 11월 22일(음력 1690년 10월 22일)
장희빈이 왕비가 되었습니다.

악녀의 대명사 장희빈과 마음씨 고운 중전의 대명사 인현왕후.
어디서부터 잘못되었을까요?

장희빈은 남인 출신 역관의 딸이었고
인현왕후는 서인 출신 권세가 민유중의 딸이었습니다.
1694년 갑술환국 이후 조선은 서인에서 분화된 노론의 세상이 되었고
힘없는 남인 집안 출신이었던 장희빈은 악녀로 기억될 수밖에…

장희빈은 조선 붕당정치의 희생양이지 않았을까요?

▲ 드라마 〈장옥정〉 〈장희빈〉

 오늘의 다른 한국사

· 1897년 명성황후의 국장이 거행되다
· 2015년 김영삼 전 대통령이 서거하다

2월 6일

1593년 2월 6일 (음력 1593년 1월 6일)
조명연합군이 평양성을 공격하였습니다.

임진왜란 당시 일본군 1선발이었던 고니시 유키나가는
부산성의 정발, 동래성의 송상현, 상주의 이일, 충주의 신립을 모두 물리치고
한양을 점령한 후 몽진하는 선조를 쫓아 개경을 거쳐 평양까지 진격합니다.
그러나 이순신에게 해로를 봉쇄당하고
조선의 의병까지 봉기하며 일본군의 보급이 끊기자
고니시는 평양에서 고립된 채 추위에 떨었습니다.

이때 명나라의 이여송 부대와 류성룡의 조선군이 연합하여 공격하니
일본군은 버티지 못하고 평양성에서 후퇴합니다.

▲ 평양성 을밀대

 오늘의 다른 한국사 · 1922년 일제가 2차 조선교육령을 발표하다

11월 21일

1997년 11월 21일
IMF 구제금융을 공식 요청하였습니다.

우리나라가 외환보유액 부족으로 인해
국제통화기금(IMF)으로부터 자금 지원을 받아야 했습니다.
IMF 경제위기로 많은 기업이 문을 닫았고
정리해고로 인해 실업자가 양산되었습니다.

새롭게 출범한 김대중 정부는
노사정위원회를 설치하여 피눈물 나는 구조조정을 단행하였고
'금모으기운동' 등을 통해 국민의 힘을 결집한 결과
4년 만인 2001년, IMF 경제위기를 극복하였습니다.

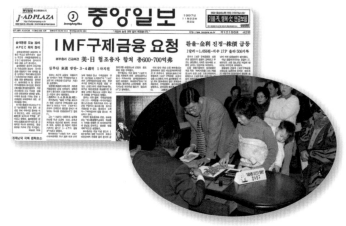

▲ IMF 구제금융 요청 기사와 금모으기운동

 오늘의 다른 한국사

· 1592년 1차 진주성전투의 영웅 김시민이 사망하다 (음 1592.10.18.)

2월 7일

1594년 2월 7일 (음력 1593년 12월 18일)
정철이 죽었습니다.

정여립 모반사건으로 기축옥사가 시작되자
선조는 서인이었던 송강 정철에게 모든 권한을 부여합니다.
당시 정철에게 붙여진 별명 '동인 백정'은
동인을 소 잡듯 죽였다고 하여 붙여진 별명이었습니다.

아름다운 글과 사람의 됨됨이는 결코 비례하지 않습니다.
그래도 정철이 남긴 〈사미인곡〉, 〈속미인곡〉, 〈관동별곡〉과
그의 유배지였던 담양 식영정과 소쇄원은 오늘날까지 유명합니다.

● 기축옥사: 1589년 정여립과 연루된 동인이 희생당한 사건

▲ 송강 정철과 소쇄원

오늘의
다른
한국사

· 1909년 러시아 연해주에서 안중근을 주축으로 단지동맹(동의단지회)이 결성되다
· 1986년 독도 의용수비대 대장 홍순칠이 사망하다
· 2009년 4대륙 피겨선수권대회에서 김연아가 세계 최고 점수로 우승하다

11월 20일

1905년 11월 20일
장지연이 〈시일야방성대곡〉을 발표하였습니다.

을사늑약이 체결되자 장지연은 황성신문에 논설을 실었습니다.
〈이 날을 목놓아 통곡한다 是日也放聲大哭〉

"저 개돼지만도 못한 소위 우리 정부 대신이라는 자는
위협에 벌벌 떨면서 나라를 팔아먹는 도적이 되어
4,000년 역사의 강토와 500년 종사를 타인에게 바치고
2,000만의 영혼을 모두 타인의 노예로 되게 하니… (중략)"

120년이나 지났어도 개돼지만도 못한 것들이 많은 세상입니다.

▲ 장지연

오늘의 다른 한국사
· 1897년 영은문을 허물고 독립문을 건립하다
· 2000년 인천 국제공항을 잇는 영종대교가 개통되다

2월 8일

1919년 2월 8일
일본 도쿄에서 〈2·8 독립선언서〉가 발표되었습니다.

일본 도쿄에서 조선 유학생들이 낭독한 〈2·8 독립선언서〉는
한 달 뒤, 3·1 운동에 영향을 끼쳤습니다.

〈2·8 독립선언서〉는 이광수가 썼습니다.
3·1 운동의 〈기미독립선언서〉는 최남선이 작성합니다.
그러나 이광수와 최남선은 모두 친일파로 변절합니다.

역사에 남을 독립선언서를 왜 하필 저따위 인간들이 썼을까요.

▲ 이광수와 최남선

오늘의 다른 한국사

· 1904년 일본이 여순항의 러시아 함대를 공격하며 러일전쟁이 발발하다
· 1985년 미국에서 2년 3개월의 망명 생활을 마치고 김대중이 귀국하다

11월 19일

1453년 11월 19일(음력 1453년 10월 10일)
수양대군이 계유정난을 일으켰습니다.

수양대군이 한명회·신숙주·권람 등과 손을 잡고
영의정 황보인과 좌의정 김종서를 제거하는 쿠데타를 일으켰습니다.
수양대군은 조카 단종을 상왕으로 몰아내고 자신이 왕(세조)이 되었습니다.
여기서 멈출 것이지, 세조는 끝내 조카 단종을 죽입니다.

하늘도 노하여 천벌을 내린 것인지
세조의 큰아들 의경세자는 일찍 세상을 떠났고
한명회는 갑자사화로 연산군에게 부관참시를 당했고
신숙주는 숙주나물로 유명해져 변절자의 대명사가 되었습니다.

▲ 영화 〈관상〉의 김종서와 숙주나물

 오늘의 다른 한국사 · 1987년 삼성그룹 창업자 호암 이병철이 사망하다

2월 9일

1898년 2월 9일
독립협회가 만민공동회를 개최하였습니다.

종로에서 만여 명의 시민이 모인 만민공동회는
열강의 이권 침탈 반대 운동을 전개하여
러시아의 절영도 조차 요구를 묵살시켰습니다.
이후 만민공동회는 관료가 참여하는 관민공동회로 발전하고
관민공동회에서 백정 박성춘이 연설을 합니다.
"나는 대한의 가장 천하고 몰지각한 백정이올시다."

그러나 고종은 독립협회가 박정양을 대통령으로 삼으려 한다는 익명의 편지를 받은 후
보부상을 모아 황국협회를 조직하여 독립협회와 만민공동회를 해산시켰습니다.

▲ 관민공동회에서 연설하는 백정 박성춘

 오늘의 다른 한국사

· 1945년 충칭 임시정부의 한국광복군이 추축국 (독일·일본)에 선전포고를 하다

11월 18일

1988년 11월 18일
5·18 청문회가 열렸습니다.

5·18 광주민주화운동의 진실을 밝히기 위한 청문회가 열렸고
불과 얼마 전까지 대통령이었던 전두환이 증인으로 출석했습니다.
"본인은… 사실만을 이야기할 것을 맹세합니다."

이후 이어진 12월 청문회에서 시민을 향한 공수부대의 발포 명령을 누가 했냐는 질문에
전두환이 묵비권을 행사하고 퇴장하자
화가 난 초선의원 노무현은 증인석을 향해 명패를 던졌습니다.
노무현은 핵심을 찌르는 질문으로 청문회 스타가 됐고
전두환은 백담사로 셀프 유배를 떠납니다.

▲ 광주 청문회 노무현과 전두환

 오늘의
다른
한국사

· 1884년 조선에서 최초로 우편사무가 시작되다 (음 1884.10.1.)
· 1998년 금강산 해로 관광이 시작되어 '현대금강호'가 처음으로 출항하다

2월 10일

1948년 2월 10일
김구가 '3천만 동포에게 읍고함'을 발표하였습니다.

소련과 북한의 방해로 UN 한국임시위원단의 북한에 대한 인구조사가 불가능해지면서
남북한 총선거는 사실상 어려워집니다.
남한만이라도 단독 선거를 치르자는 분위기가 팽배해지자
김구는 3천만 동포에게 울면서 말합니다.
"나는 통일된 조국을 건설하려다가 38도선을 베고 쓰러질지언정
일신에 구차한 안일을 취하여 단독정부를 세우는 데는 협력하지 아니하겠다."

김구가 말한 일신에 구차한 안일를 취하려던 사람은 누구였을까요?

▲ 남북협상운동 당시 김구

오늘의 다른 한국사

· 1588년 이순신이 녹둔도 전투에서 여진족에게 승리하다 (음 1588.1.14.)
· 1910년 미주에서 안창호·박용만·이승만 등이 대한인국민회를 창립하다

11월 17일

1905년 11월 17일
을사늑약이 강제로 체결되었습니다.

고종이 자신을 만나주지 않자 이토 히로부미는 대신들을 덕수궁으로 부릅니다.
"일본이 대한제국의 보호국이 되겠소. 황제 대신 여러분이 찬성해 주시오."
민족 반역자가 될 수도 있는 갈림길에서 누구 하나 선뜻 나서지 못하고 있을 때
학부대신 이완용이 가장 먼저 입을 열었습니다.
"황제의 안위를 보존할 수 있다면 찬성하겠습니다."

군부대신 이근택·내부대신 이지용·외부대신 박제순·농상공부대신 권중현까지
우리 외교권을 일본에 팔아넘긴 다섯 명을 을사오적이라고 합니다.
어지간하면 자식 이름 지을 때 이 다섯 명의 이름은 피합시다.

▲ 을사늑약 체결 모형과 을사오적

 오늘의 다른 한국사

· 371년   고구려 고국원왕이 백제 근초고왕의 공격으로 평양성에서 전사하다 (음 371.10.23.)

2월 11일

1146년 2월 11일(음력 1145년 12월 22일)
김부식의 《삼국사기》가 편찬되었습니다.

우리나라에서 가장 오래된 현존하는 역사서인 《삼국사기》는
비록 단군설화가 언급되지는 않았지만 분명 자주적 역사서입니다.
고구려·백제·신라 삼국을 우리我라고 표현했고
'본기'의 형식을 빌려 삼국의 왕들을 황제의 역사로 표현하였습니다.

김부식은 분명 자신의 권력을 위해 금나라에 사대하고
유교적 합리사관에 입각한 보수적 문벌귀족이었지만
사대적인 역사가는 아니었습니다.

▲ 김부식과 《삼국사기》

오늘의
다른
한국사

· 1896년 조선 고종이 러시아 공사관으로 몸을 숨기는 아관파천을 단행하다
· 1951년 군인들이 거창 양민을 빨치산으로 몰아 학살하다
· 1951년 친일 경찰 청산을 외쳤던 경무부 수사국장 최능진이 사형을 당하다

11월 16일

1457년 11월 16일(음력 1457년 10월 21일)
단종이 죽었습니다.

태어나자마자 어머니 현덕왕후를 여읜 단종은
12살에 아버지 문종마저 죽어 결국 고아가 되었습니다.
믿을 구석이라고는 숙부들뿐이었는데.
숙부 수양대군이 계유정난으로 권력을 잡고 왕이 된 결과
조카 단종은 상왕으로 쫓겨났고
사육신의 복위 운동에 연루되어 영월로 유배를 갑니다.
그리고 얼마 후 단종은 사망합니다.

스스로 죽었을까요? 아니면 누가 죽였을까요?

▲ 영월 청령포와 단종 유배지

 오늘의 다른 한국사 · 1995년 노태우가 최초로 전직 대통령으로서 서울구치소 구속 및 수감되다

2월 12일

1926년 2월 12일
매국노 이완용의 장례식이 호화롭게 치러졌습니다.

1905년 을사오적, 1907년 정미칠적, 1910년 경술국적.
매국노 트리플 크라운, 만고의 매국노 이완용이 67세 천수를 누리고 죽었습니다.

그가 죽고 나서 어떤 언론사가 평가한 이완용.
"팔지 못할 것을 팔아서, 누리지 못할 것을 누린 자."

이완용의 장례식에 무려 1,300명의 하객이 찾아왔지만
훗날 이완용의 묘에는 항상 식칼이 꽂혀 있었습니다.
그리고 지금은 묘조차 사라졌습니다.

▲ 이완용(왼쪽 두 번째)과 그의 무덤

 오늘의 다른 한국사
· 1366년 공민왕이 신돈을 관직에 임명하다 (음 1365.12.24.)
· 1941년 일제가 조선사상범 예방구금령을 공포하다

11월 15일

1918년 11월 15일
일본에 반출된 경천사 10층 석탑이 돌아왔습니다.

일본 궁내 대신 다나카가 개성의 경천사지 10층 석탑을 일본으로 훔쳐 갔습니다.
베델을 비롯한 대한매일신보가 일본의 불법 반출을 계속해서 폭로했고
여론을 의식한 일본은 결국 이 탑을 조선에 돌려줍니다.
조선으로 돌아온 경천사 10층 석탑은 경복궁 앞에 놓였지만
조선 궁궐 앞에 자리를 잡은 고려 석탑의 모습은 왠지 어색했습니다.
지금은 용산 중앙박물관 실내에서 웅장함을 자랑하고 있습니다.

개성에서 일본으로, 경복궁 앞에서 국립중앙박물관 실내로
우리 역사의 한스러움을 대변하는 경천사 10층 석탑입니다.

▲ 고려 경천사 10층 석탑

 오늘의 다른 한국사

· 1926년 사회주의자들이 정우회선언을 하여 신간회 창립의 기틀을 마련하다

2월 13일

1949년 2월 13일
박정희 소령이 무기징역을 선고받았습니다.

여수·순천 사건으로 체포된 남로당 군사 총책 박정희에게 사형 구형이 유력했습니다.
만주 육사와 일본 육사 출신 선배와 동기들이 선처를 호소하자
당시 정보국장으로 사건의 책임자였던 백선엽은 박정희를 불렀습니다.
"일본 제국주의 엘리트 코스를 밟은 당신이 왜 사회주의 활동을 하는가?"
"군부 내 사회주의자 명단을 불면 사형은 면할 수 있다."

동지들의 이름을 팔아 숙군 작업에 도움을 준 박정희는 무기징역으로 감형되었고
훗날 한국전쟁이 발발하자 백선엽에 의해 다시 육군으로 복직되었습니다.
박근혜는 대통령에 당선된 후 백선엽을 청와대로 불러 만찬을 가졌습니다.

● 숙군 작업: 군부 내 사회주의자들을 솎아 내어 죽이는 숙청 작업

▲ 박정희 무기징역 기사·박근혜와 백선엽

오늘의
다른
한국사

· 1896년 조선 고종이 각지의 의병에게 해산을 권유하는 조칙을 반포하다
· 1949년 국회 프락치 사건이 일어나다
· 2004년 황우석이 인간배아 줄기세포 배양 성공을 발표하다

11월 14일

1173년 11월 14일 (음력 1173년 10월 1일)
이의민이 의종을 시해하였습니다.

무신정변으로 쫓겨난 의종을 복위시키려는 움직임이 보이자
이의방과 정중부는 이의민에게 의종을 죽일 것을 명령합니다.
의종이 자신을 죽이러 온 이의민과 술을 마시며 슬퍼할 때
이의민은 의종을 껴안으며 척추를 접어 죽였습니다.
의종의 시체를 솥에 담아 냇가에 던졌으니…
이의민은 우리 역사의 대표적인 왕 시해자입니다.

도끼살인마 이의민의 무력은 100에 육박했으니
척준경과 동시대 인물이었다면 누가 더 강했을까요?

▲ 드라마 〈무인시대〉의 이의민

오늘의 다른 한국사
· 1895년 소학교가 처음으로 설립되다 (음 1895.9.28.)
· 1947년 유엔총회에서 유엔 감시하 남북한 총선거를 결의하다

2월 14일

1910년 2월 14일
안중근이 사형을 선고받았습니다.

안중근은 대한제국의 의병장 신분으로 침략자 이토 히로부미를 죽였습니다.
국제법상으로도 전쟁 중에 적장을 죽였다는 이유로
사형을 선고받는 일은 없습니다.
안중근이 억울해하며 항소를 준비하려 할 때
어머니 조마리아 여사의 편지가 옵니다.
"사랑하는 아들아, 이 어미보다 오래 살 생각은 하지 말거라."

그 어머니에 그 아들이었습니다.

▲ 조마리아 여사

오늘의
다른
한국사

· 1951년 이승만 정권이 반민족행위처벌법을 폐지하다

11월 13일

1970년 11월 13일
전태일이 분신자살하였습니다.

동대문 평화시장의 재단사 전태일은 열악한 노동 현실에 눈을 뜬 뒤
박정희 대통령에게 편지를 보냈으나 이 방법으로도 효과가 없자
노동환경 개선과 노동법 준수를 주장하면서 분신자살하였습니다.
"근로기준법을 준수하라."
"우리는 기계가 아니니 일요일을 쉬게 하라."

전태일 열사는 대한민국 노동운동의 상징과도 같은 인물이 되었습니다.
전태일의 어머니, 이소선 여사는 평생을 노동운동에 헌신하여
'노동자들의 어머니'로 불렸습니다.

▲ 동대문 평화시장·전태일 동상·이소선 여사

오늘의
다른
한국사

· 1430년 세종대왕이 공노비에게 출산 휴가를 주는 법을 제정하다 (음 1430.10.19.)

2월 15일

1894년 2월 15일 (음력 1894년 1월 10일)
고부민란이 일어났습니다.

저수지 만석보의 물값까지 받았던 조선 최악의 탐관오리 조병갑.
흉년이 들자 전라도 고부의 마을 어른들이 군수 조병갑을 찾아가 구휼을 요청했습니다.
그러나 조병갑은 건방지다며 마을 어른들에게 곤장을 쳤고
노인 전창혁이 감옥에서 죽었는데 그의 아들이 바로 전봉준이었습니다.
동학의 고부 접주였던 전봉준이 동학인들을 이끌고 고부 관아를 공격하자
군수 조병신육갑은 잽싸게 도망갔으니 이를 고부민란이라 합니다.

전봉준은 관아의 곳간을 열어 마을 사람들과 곡식을 나누었습니다.
고부민란은 동학농민운동의 시발점이 되었습니다.

▲ 전봉준 탁본과 고부관아 터

오늘의 다른 한국사
· 1927년 국내 최대 민족유일당운동 단체 신간회가 창립되다
· 1960년 민주당 조병옥 대통령 후보가 미국에서 치료 중 사망하다

11월 12일

1962년 11월 12일
김종필·오히라 비밀 메모가 작성되었습니다.

김종필 중앙정보부장은 한일회담 성사를 위해
비밀리에 일본을 방문한 후 일본외상 오히라를 만납니다.
한일수교 조건으로 김종필이 배상금 혹은 보상금 6억 달러를 요구한 반면에
오히라는 독립축하금으로 고작 3억 달러를 제시하였습니다.

미국 국무부 비밀문서에는 김종필이 오히라에게 했던 말이 남아 있습니다.
"한일 양국 분쟁의 씨앗이 될 수 있는 독도를 폭파해 버리자."

▲ 김종필·오히라 비밀메모

오늘의
다른
한국사

· 1945년 동양척식주식회사가 신한공사로 명칭을 개칭하다

2월 16일

1562년 2월 16일 (음력 1562년 1월 9일)
임꺽정이 죽었습니다.

조선 명종 때의 백정 출신으로 황해도 구월산을 중심으로 활약한 임꺽정은
관아의 창고를 털어 빈민에게 나누어 주었던 의적(?)이었습니다.
관군이 임꺽정을 토벌하려 했지만, 백성들은 임꺽정의 편이었습니다.
그러나 임꺽정은 부하 서림의 배반으로 온몸에 활을 맞고 죽습니다.

임꺽정은 장길산, 홍길동과 더불어 조선의 3대 도적이었습니다.

▲ 《홍길동전》· 《임꺽정》· 《장길산》

오늘의
다른
한국사

· 1919년 이승만의 위임통치청원서가 미국의 윌슨 대통령에게 전달되다

11월 11일

1977년 11월 11일
이리역 폭발 사고가 있었습니다.

이리역 폭발 사고로 사망자 59명, 중상자 185명이 발생합니다.
사고 당시 이리역 근처 극장에서 공연 중이던 무명의 코미디언 이주일이
톱스타 여가수 하춘화를 구해냅니다.
이후 하춘화는 자신이 공연하는 쇼의 사회를 항상 이주일에게 맡겼고
이 둘은 10여 년 동안 5천여 회의 공연을 함께하는 인연이 됩니다.

둘은 서로를 은인으로 여겼습니다.

▲ 이리역 사고 현장·하춘화와 이주일

오늘의
다른
한국사

· 1434년 세종 때 해시계인 앙부일구를 설치하여 관측하다 (음 1434.10.2.)
· 1908년 최초의 신극 이인직의 〈은세계〉가 원각사에서 공연되다

2월 17일

1876년 2월 17일(음력 1876년 1월 23일)
최익현이 고종에게 도끼 상소를 올렸습니다.

유생 최익현은 민비와 손을 잡고 흥선대원군을 하야시키는 데 앞장섰습니다.
이후 고종과 민비가 강화도조약을 체결하며 개항을 시도하자
최익현은 개항에 반대하며 도끼를 손에 쥐고 상소를 올리니 이를 지부 상소라 합니다.
자신의 말이 옳지 않다면 자신을 죽여도 좋다는 의지를 드러낸 것입니다.

최익현이 올린 상소 내용을 한마디로 표현하자면 이렇습니다.
"왜양일체(倭洋一體), 일본과 서양 오랑캐는 한몸이다."

▲ 최익현과 들꽃으로 덮인 그의 묘

오늘의
다른
한국사

· 1906년 기산도 등이 암살단을 조직하여 을사오적을 습격하였으나 실패하다
· 1988년 남극에 세종과학기지가 설치되다

11월 10일

1939년 11월 10일
일제가 창씨개명을 공포하였습니다.

1930년대 민족말살정책의 일환으로 황국신민화정책이 전개되었습니다.
일본의 전쟁 귀신들에게 고개를 숙여야 하는 신사참배.
일왕이 사는 동경을 향해 고개를 숙여야 했던 궁성요배.
일왕의 신민이 되겠다고 맹세하는 황국신민서사암송.
그리고 일본 이름으로 바꾸는 창씨 개명 등이 행해졌습니다.

끝까지 창씨 개명을 거부했던 조선인들도 있었지만
이렇게 창씨 개명을 한 조선인도 있었습니다.
"미치노미야 히로히토"

▲ 궁성요배와 신사참배하는 사람들과 창씨 개명 기사

오늘의
다른
한국사

· 1956년 조봉암이 진보당을 창당하다

2월 18일

2003년 2월 18일
대구 지하철 참사가 있었습니다.

어느 미치광이의 방화 행각에
대구의 무고한 시민 133명이 목숨을 잃고 146명이 부상을 당했습니다.

애도를 표합니다.

▲ 대구 지하철 참사 추모벽

 오늘의 다른 한국사

· 1946년 3·1 운동이 일어난 날을 기하여 삼일절이 국경일로 결정되다

11월 9일

1919년 11월 9일
만주 길림에서 김원봉과 윤세주가 의열단을 창설하였습니다.

독립운동 방략을 놓고 대두된 주장에 대해 김원봉은 이렇게 말했습니다.
"외교독립? 나라가 없는데 무슨 외교냐."
"실력양성? 나라가 없는데 교육과 산업 진흥은 한계가 있다."

"그럼 독립운동을 포기하잔 말이냐?"
그러자 김원봉은 이렇게 말했습니다.
"아니, 우리를 식민 지배하겠다는 놈들은 모두 죽여서 그들에게 공포감을 주면 된다."

의열단은 일제에게 공포 그 자체였습니다.

▲ 김원봉과 윤세주

 오늘의 다른 한국사

· 1701년 장희빈이 무고의 옥으로 사망하다 (음 1701.10.10.)

2월 19일

662년 2월 19일 (음력 662년 1월 23일)

고구려가 사수전투에서 당나라에 승리하였습니다.

신라와 함께 백제를 멸망시킨 당나라가 이제는 고구려를 침략합니다.
당나라의 고종이 수십만 대병력을 이끌고 고구려를 공격하자
연개소문이 직접 나서서 당나라 장수 방효태와 그의 아들 13명을 모두 죽였습니다.
소정방을 비롯한 당나라 장수들은 신라 김유신의 구원으로 간신히 살아남을 수 있었고
이들은 오히려 신라가 제공한 군량미만 챙겨 당나라로 후퇴합니다.
화가 난 김유신은 차라리 당나라와 전쟁을 하겠다며 방방 뛰었습니다.

연개소문이 살아있을 때는, 당나라는 고구려를 어찌하지 못했습니다.

▲ 연개소문을 묘사한 경극

오늘의
다른
한국사

· 1009년 고려 강조가 반란을 일으켜 목종을 폐하고 천추태후를 실각시키다 (음 1009.1.16.)

11월 8일

1592년 11월 8일 (음력 1592년 10월 5일)
1차 진주성전투가 시작되었습니다.

임진왜란 때 일본군은 호남 점령을 위해 수군을 동원했으나 이순신에게 막혔고
육지를 통해 전주를 노렸으나 이치전투에서 황진에게 막혔고
호남의 옆구리 진주성으로 진격했으나 김시민 장군에게 막힙니다.
경상우병사 유숭인이 진주성을 구원하고자 찾아오니 김시민이 말했습니다.
"당신의 직급이 나보다 높아 지휘체계에 혼선이 올 수 있으니 돌아가시오."

김시민에게 내쳐진 유숭인의 1천여 병력은 성 밖에서 전멸당했지만
김시민을 중심으로 똘똘 뭉친 진주성의 관민은 승리를 거두었습니다.
진주대첩 직후 총상을 입은 김시민은 끝내 숨을 거뒀습니다.

▲ 진주성과 김시민 동상

오늘의
다른
한국사

· 1995년 대한민국이 UN 안전보장이사회 비상임이사국으로 선출되다
· 2009년 민족문제연구소에서 《친일인명사전》을 발간하다

2월 20일

647년 2월 20일(음력 647년 1월 8일)
선덕여왕이 죽고 진덕여왕이 즉위하였습니다.

우리 역사상 여왕끼리의 왕위 계승은 이때가 처음이자 마지막입니다.
특히, 드라마로 유명한 선덕여왕은 우리나라 최초의 여왕이었습니다.
선덕여왕 때 첨성대와 황룡사 9층목탑, 분황사 모전석탑이 만들어졌습니다.

선덕여왕 때는 당 태종이 심어도 꽃이 피지 않는 꽃씨를 보낼 정도로
당나라와 사이가 좋지 않았지만
그 뒤를 이은 진덕여왕은 김춘추를 보내 나당동맹을 체결하였습니다.

▲ 분황사 모전석탑 · 첨성대 · 황룡사 9층 목탑 예상 복원도

 오늘의 다른 한국사

· 1543년 조선 중종 때, 세자궁에 불이 나 세자 (인종)가 몸을 피하다 (음 1543.1.7.)

11월 7일

1866년 11월 7일 (음력 1866년 10월 1일)
양헌수가 정족산성을 점령하였습니다.

병인양요가 발발하여 프랑스의 로즈 제독이 강화도를 점령하자
양헌수는 새벽에 산포수들을 이끌고
강화해협을 몰래 건너 정족산성을 점령합니다.
몽골군이 38년간 건너지 못했던 강화해협을
양헌수가 단 하루 만에 건너는 기적을 연출했으니…

방심하다 조선군에게 허를 찔린 프랑스군이
이틀 후 11월 9일 정족산성을 공격했지만
양헌수와 조선의 호랑이 잡는 산포수들은 프랑스군을 격퇴시켰습니다.

▲ 정족산성과 강화해협 용두돈대

 오늘의 다른 한국사 · 1389년 이방원이 하여가를 부르니 정몽주가 단심가로 답하다 (음 1389.10.11.)

2월 21일

1936년 2월 21일

단재 신채호가 뤼순 감옥에서 순국하였습니다.

뤼순 감옥에서 수감 생활을 하던 신채호가 부인 박자혜 여사에게 보낸 편지입니다.
"너무 추우니 솜옷 한 벌 보내 주오."

신채호가 죽은 뒤 박자혜 여사가 남편에게 보내는 글입니다.
"15년이나 그리던 아내와 자식이 곁에 온 줄도 모르고
당신의 몸은 푸르딩딩한 시멘트 방바닥에 꼼짝도 못 하고 누워 있었지요."

신채호의 마지막 유언입니다.
"내가 죽거든 왜놈들 발에 시체가 채지 않게 재를 바다에 뿌려 달라."

▲ 신채호와 뤼순 감옥 신채호 흉상

 오늘의 다른 한국사 · 1362년 최영과 이성계 등이 홍건적 10만을 몰아내고 개경을 수복하다 (음 1362.1.18.)

11월 6일

1392년 11월 6일 (음력 1392년 10월 13일)
이성계가 정도전에게 고려사 편찬을 명하였습니다.

정도전이 이성계의 명을 받아 고려의 역사서 《고려국사》를 편찬합니다.

정도전은 천재였습니다.
법전으로 《조선경국전》, 《경제문감》을 만들었고
요동정벌을 준비하며 병법서 《진도》를 편찬했으며
성리학서 《심문천답》, 《심기리편》, 《불씨잡변》를 썼고
개인 문집으로 《금남잡제》, 《금남잡영》을 남겼습니다.

고려의 천재 정몽주와 조선의 천재 정도전 모두 이방원이 죽였습니다.

▲ 정도전

오늘의
다른
한국사

· 1979년 합동수사본부장 전두환이 박정희 대통령 시해 사건 전모를 발표하다
· 1997년 김대중·김종필·박태준이 회동하여 'DJP연합'을 결성하다

2월 22일

1898년 2월 22일
흥선대원군이 사망하였습니다.

역사가들은 말합니다.
"흥선대원군이 300년만 일찍 태어났어도, 조선의 역사를 바꿨을 것이다."
저는 이런 생각을 해 봅니다.
"흥선대원군이 왕이었더라면, 조선의 역사는 바뀌지 않았을까."

대원군은 국가를 경영하는 데 있어서 천부적인 재능을 보였지만
하필 아들은 고종이었고 며느리는 민비였습니다.
불효자 고종은 아버지 흥선대원군의 장례식에 불참합니다.

▲ 흥선대원군의 별장 석파정 전경

· 1905년 일본이 독도를 '다케시마'로 정하며 일본 시마네현에 편입시키다
· 2005년 국가보훈처가 여운형 등 54명에게 서훈을 결정하다

11월 5일

1776년 11월 5일 (음력 1776년 9월 25일)
정조가 규장각을 설치하였습니다.

정조가 설치한 규장각은 도서관이자 경연의 장소였고
당시 노론의 권력 기구인 비변사를 견제하는 역할을 하였습니다.
정조가 멋진 이유는 당시 신분적으로 차별받던 서얼들을
자신의 최측근이라 할 수 있는 규장각 검서관으로 임명한 것입니다.
박제가·유득공·이덕무 등의 이름을 우리가 알고 있는 이유입니다.

아름답기 그지없는 창덕궁 후원의 부용지를 볼 때면
그곳에서 고기를 낚고 풍악을 울리게 했던 정조와
바쁜 걸음으로 규장각 계단을 뛰어다녔을 정약용이 생각납니다.

▲ 창덕궁 부용지와 후원의 규장각

 오늘의 다른 한국사

· 1937년 여운형의 조선중앙일보가 일장기 말소 사건으로 폐간되다

2월 23일

1627년 2월 23일 (음력 1627년 1월 8일)
정묘호란이 발발하였습니다.

광해군을 몰아낸 인조반정 이후
서인들이 명나라에 대한 의리를 내세우며 친명배금을 주장하자
후금은 광해군을 위해 복수하겠다는 명분으로 정묘호란을 일으켰습니다.

후금을 막을 방도가 없던 인조는 강화도로 몸을 피한 후
강화도 연미정에서 후금과 굴욕적인 형제 관계를 뜻하는 정묘화약을 체결합니다.
사실상 후금이 형이었습니다.

▲ 강화도 연미정

 오늘의
다른
한국사

· 1388년 이성계와 최영이 권문세족 염흥방과 임견미 일파를 처단하다 (음 1388.1.8.)
· 1410년 《조선왕조실록》 편찬이 시작되다 (음 1410.1.11.)
· 1909년 일제가 조선의 출판물의 원고를 검열하고 압수를 할 수 있는 출판법을 반포하다

11월 4일

1374년 11월 4일 (음력 1374년 9월 22일)
공민왕이 피살당하였습니다.

반원자주정책을 펼친 공민왕은
고려의 젊은 인재를 양성하기 위해 자제위를 설치하였습니다.
공민왕은 자제위들과 함께 숙식하며 그들을 독려하였고
이로 인해 동성애자설이 불거졌습니다.
어느 날, 자제위 홍륜이 공민왕의 셋째 부인 익비를 범하고
그 사실이 발각될까 두려워하며 공민왕을 시해하는 일이 발생합니다.
공민왕의 죽음은 사실상 고려 왕조의 종말을 고한 것이었습니다.

영화 〈쌍화점〉에서 공민왕(주진모)과 홍륜(조인성)이 입을 맞추었으니…

▲ 개성 공민왕릉과 영화 〈쌍화점〉

 오늘의 다른 한국사

· 934년　운주성전투에서 왕건이 견훤에게 승리하다 (음 934.9.20.)
· 1335년 조선을 건국한 태조 이성계가 출생하다 (음 1335.10.11.)

2월 24일

1637년 2월 24일 (음력 1637년 1월 30일)
치욕적인 '삼전도의 굴욕'이 있었습니다.

인조는 나라의 수도를 세 번이나 빼앗겼습니다.
1624년 이괄을 비롯한 반란군에게 한양을 빼앗기고 공주로 피난.
1627년 정묘호란이 일어나자 후금을 피해 강화도로 피난.
그리고 1636년 병자호란이 일어나자 남한산성으로 피난갔습니다.

남한산성에서 45일간 항전하던 인조는 식량이 떨어지자 청나라에 항복을 선언합니다.
여진족의 맹종 의식, 삼궤구고두례三拜九叩頭禮.
조선의 인조는 청나라 황제 홍타이지에게 세 번 절하고 아홉 번 머리를 조아렸습니다.

▲ 삼전도비와 롯데타워

오늘의 다른 한국사

· 1352년 공민왕이 권문세족이 장악한 인사기구 정방을 혁파하다 (음 1352.2.1.)

11월 3일

1929년 11월 3일
광주학생운동이 일어났습니다.

광주에서 나주로 향하는 통학 열차에서
광주중학교 3학년 후쿠다가 조선 여학생 박기옥의 댕기 머리를 잡아당기자
광주고등보통학교 2학년 박준채가 후쿠다의 면상에 주먹을 날렸습니다.
이 과정에서 한일 학생 간 패싸움이 벌어졌고
당연히 조선 학생들이 이기면서 그 대가로 조선 학생들만 구속되었습니다.

이런 상황에 일왕의 생일이랍시고 일요일에 학생들을 등교시켜
운동장에서 기미가요를 부르게 했으니 참지 못한 학생들이 교문을 뛰쳐나갔습니다.
"검거된 학생들을 우리가 구출하자"

▲ 박준채·박기옥과 광주학생운동 기념탑

· 1351년 공민왕이 즉위하다 (음 1351.10.6.)
· 1396년 한양 도성의 성문을 모두 완성하다 (음 1396.9.24.)

오늘의
다른
한국사

2월 25일

1988년 2월 25일
노태우가 13대 대통령에 취임하였습니다.

9차 개헌으로 5년 직선제가 시행되자 대선은 12월, 대통령 취임식은 2월에 열렸습니다.
1988년 오늘 노태우 13대 대통령 취임
1993년 오늘 김영삼 14대 대통령 취임
1998년 오늘 김대중 15대 대통령 취임
2003년 오늘 노무현 16대 대통령 취임

그러나 18대 대통령 박근혜의 탄핵으로 12월 대선과 2월 취임 전통은 끝이 나면서
지금은 장미대선을 치릅니다.

▲ 노태우 · 김영삼 · 김대중 · 노무현

오늘의
다른
한국사

· 1983년 북한군 조종사 이웅평 상위가 미그19기를 타고 남한으로 귀순하다

11월 2일

2000년 11월 2일
익산 미륵사지에서 금동향로가 출토되었습니다.

우리나라에서 가장 오래된 석탑은 익산 미륵사지 석탑입니다.
일제강점기 석탑의 일부가 허물어지자 일제는 시멘트 칠을 하였고
석탑은 흉물스러운 모습으로 남아 있었습니다.
이후 석탑은 무려 20여 년의 해체와 복원 과정을 거쳐 완벽한 모습으로 다시 태어났습니다.
그 복원 과정 중에서 우리에게 주어진 선물들이 있었으니
미륵사 터에서 발견된 금동향로와 석탑 해체 과정 중 발견된 사리장엄구입니다.

석탑 복원 공사가 진행 중일 때 미륵사를 찾아가 기도했습니다.
"다시 태어나서 우리 곁으로 잘 돌아와 주세요."

▲ 미륵사지 석탑·금동향로·사리장엄구

오늘의
다른
한국사

· 1968년 울진과 삼척에 무장공비가 침투하다

2월 26일

1396년 2월 26일(음력 1396년 1월 9일)
이성계가 한양에 도성을 축조하였습니다.

"제왕은 남쪽을 보고 통치해야 한다."
정도전의 주장대로 경복궁의 위치는 한양 북악산 아래로 결정되었고
경복궁과 더불어 종묘사직까지 완성되었으니 이제는 성곽이 필요했습니다.
어느 겨울 정도전이 산에 올라 한양을 내려다보니
눈이 녹지 않고 쌓여 선이 만들어진 것을 보고, 이를 따라 도성 축조를 시작했다고 합니다.

도성의 4대문은 우리에게도 익숙합니다.
흥인지문(동), 돈의문(서), 숭례문(남), 숙정문(북).
그러나 서울의 성곽은 일제강점기 도시 계획이라는 명목 아래 헐려 나갔습니다.

▲ 숭례문과 흥인지문

오늘의
다른
한국사

· 1895년 고종이 조선의 사대를 상징하는 영은문을 철거하다 (음 1895.2.2.)
· 2001년 경찰의 고문으로 숨진 박종철에게 서울대학교가 명예 졸업장을 수여하다

11월 1일

1911년 11월 1일
압록강 철교가 준공되었습니다.

일제는 대륙 침략이라는 야욕을 가지고 압록강 철교를 건설합니다.
도보를 통해 건너는 통행자만 해도 수백만 명이었고
그렇게 압록강 철교는 독립운동가의 망명과 귀국의 가교 역할을 했습니다.
한국전쟁 당시 미국의 폭격을 받은 압록강 철교는
안타깝게도 중국 쪽 절반만 남은 채 파괴됩니다.
그래서 압록강 단교라고도 부릅니다.

압록강 단교에서는 북한 신의주의 놀이공원을 가까이 볼 수 있습니다.
놀이공원의 관람차가 멈춰 있습니다.

▲ 압록강 철교와 야경 모습

오늘의
다른
한국사
· 1925년 임시정부 2대 대통령 박은식이 사망하다

2월 27일

1876년 2월 27일(음력 1876년 2월 3일)
강화도조약이 체결되었습니다.

1875년 일본의 운요호가 강화도 앞 초지진을 초토화시켰습니다.
일본은 포의 사정거리를 자랑하며 조선을 협박합니다.
"전쟁과 통상 중에 선택하라."

결국 강화도 연무당에서 조선과 일본 사이에 강화도조약이 체결되었고
이는 우리가 외국과 체결한 최초의 근대적 조약이었습니다.
그러나 조선의 해안측량권을 일본에 내어 주고
치외법권 조항이 들어간 불평등 조약이었습니다.

● 치외법권: 외국인이 범죄를 저질렀을 때 체류하는 국가의 법을 따르지 않아도 되는 권리

▲ 운요호와 강화도 조약 체결 모습

오늘의
다른
한국사

· 930년   고창전투에서 후백제 견훤이 고려 왕건에 패배하다 (음 930.1.21.)
· 1593년 임진왜란 중 일본군이 벽제관에서 명나라군에게 승리하다 (음 1593.1.27.)
· 1791년 정조가 시전상인의 금난전권을 철폐하는 신해통공을 발표하다 (음 1791.1.25.)

11월

Korean History
Calendar

2월 28일

1960년 2월 28일
2·28 학생의거가 일어났습니다

민주당 부통령 후보 장면 유세장에 많은 인파가 몰릴 게 두려웠던
자유당의 이기붕 후보는 대구 교육청과 손을 잡고 이런 지침을 내렸습니다.
"3월 기말고사를 앞당겨 일요일에 시험을 보겠다."
"토끼사냥을 해야 하니 일요일에 등교를 하라."

일요일에 학생들 등교 시키는 거 아닙니다.
중고등학생은 그렇다 치더라도 대체 초등학생들은 뭔 죄입니까.
초등학생을 포함한 대구 지역 학생 1,200여 명은 이승만 타도를 외쳤습니다.
2·28 학생의거는 훗날 4·19 혁명의 도화선이 됩니다.

▲ 2·28기념중앙공원과 시위하는 학생

 오늘의 다른 한국사 · 1913년 고종의 밀지를 받은 임병찬이 비밀결사 단체 독립의군부를 확대 및 개편하다

10월 31일

1883년 10월 31일 (음력 1883년 10월 1일)
우리나라 최초의 근대 신문 한성순보가 창간되었습니다.

박문국에서 만든 한성순보는 최초의 근대 신문이었고
서재필이 만든 독립신문은 최초의 근대적 민간 신문이었고
남궁억이 만든 황성신문은 유생들이 많이 읽었고
이종일이 만든 제국신문은 부녀자와 서민이 많이 읽었으며
베델이 만든 대한매일신보는 항일신문으로 독자가 가장 많았습니다.
만세보는 천도교 기관지였습니다.

▲ 독립신문과 한성순보

오늘의
다른
한국사

· 2005년 국가인권위원회가 한국전쟁 당시 민간인 백만 명 학살 조사보고서를 공개하다

3월

Korean History
Calendar

10월 30일

1909년 10월 30일
일제가 호남대토벌을 하였습니다.

"호남폭도대토벌작전"
일제는 남원에서 광주, 목포를 거쳐 서남 해안까지
토끼몰이식 대토벌을 하고 바다에는 군함을 4척까지 배치했습니다.
이 과정에서 호남의 마을이 초토화되었고 민간인들은 무참하게 학살당했습니다.
일제는 호남 의병을 토벌한 후 다음 해 한일병합조약을 체결합니다.

일제에 체포된 호남 의병장들은 대구 형무소에서 순국합니다.
달빛동맹입니다.

● 달빛동맹: 달구벌 대구와 빛고을 광주의 동맹

▲ 체포된 호남 의병장

 · 1980년 전두환의 언론 통폐합의 일환으로 동아방송과 TBC가 KBS로 통폐합되다

3월 1일

1919년 3월 1일
3·1 만세운동이 시작되었습니다.

3·1 만세운동은 일제의 무단통치에 맞서
전 민중이 떨치고 일어난 거국적 만세운동이며
일제의 강경 진압으로 무려 7천 명 이상의 사망자가 발생했습니다.

3·1 운동의 결과 일제의 통치 방식이 무단통치에서 문화통치로 바뀌었고
상하이 임시정부가 수립되었으며
항일무장투쟁도 본격화되었습니다.
국내에서는 사회주의 사상이 수용되며 학생 및 청년 운동이 활성화됩니다.
3·1 운동은 중국의 5·4 운동과 인도의 독립운동에 영향을 끼쳤습니다.

▲ 3·1 운동 당시 모습과 3·1 정신상

오늘의 다른 한국사
· 1976년 김대중·문익환·함석헌·함세웅 등이 유신을 반대하는 3·1 민주구국선언을 발표하다
· 1996년 국민학교의 명칭을 초등학교로 변경하다

10월 29일

414년 10월 29일(음력 414년 9월 29일)
광개토대왕릉비가 건립되었습니다.

광개토대왕의 아들 장수왕이 건립한 이 비는 호태왕비로 불리기도 합니다.
높이는 6.3m, 너비와 두께는 1.5m가 넘습니다.
1부에는 추모대왕(주몽)의 고구려 건국 이야기
2부에는 광개토대왕의 정복 활동 이야기
3부에는 광개토대왕의 묘를 지키는 사람들에 대한 이야기

국내성에 있는 광개토대왕릉비를 껴안아 본 적이 있습니다.
광개토대왕과 1,500년의 시공을 뛰어넘는 만남이었습니다.
뭉클했습니다.

▲ 광개토대왕릉비

오늘의 다른 한국사

· 1898년 독립협회가 고종에게 〈헌의 6조〉를 건의하다
· 1980년 김대중에게 내란음모 혐의로 사형이 구형되다
· 2022년 이태원에서 압사 사고로 159명이 사망하다

3월 2일

1983년 3월 2일
교복의 자율화가 실시되었습니다.

광주학살을 은폐해야만 했던 전두환 정권은
국민의 정치적 무관심을 목표로 하는 유화정책으로 3S정책을 실시합니다.
Screen, Sex, Sports.
영화관에서 성인 영화가 상영되고 프로야구와 프로축구가 출범했습니다.

여의도에서는 대규모 놀자판인 '국풍81'이 개최되는 한편
해외여행의 자율화와 통행금지의 해제로 유흥산업도 활성화됩니다.
또한 교복 자율화로 미성년자 출입금지 구역에 드나드는 학생들이 나타났고
두발 자율화로 중고등학생들의 앞머리가 책상을 쓸었다는…

▲ 교복 자율화 기사와 국풍 81

오늘의
다른
한국사

· 1915년 총독부가 서대문인 돈의문을 철거하다
· 2005년 국회에서 호주제를 폐지하는 민법 개정안이 통과되다

10월 28일

2005년 10월 28일
용산에 국립중앙박물관이 개장되었습니다.

국립중앙박물관은 조선총독부 건물을 사용하고 있었습니다.
일제의 식민 지배를 상징하는 총독부 건물에
우리 문화유산을 전시하겠다는 발상을 어떤 인간이 했나 봤더니, 전두환 정권이었습니다.

1995년 김영삼 대통령이 역사바로세우기를 하겠다며
당시 국립중앙박물관이었던 구 조선총독부 건물을 폭파합니다.
그러나 박물관을 새롭게 만들어 놓고 폭파했어야죠.
덕분에 향후 10년간 대한민국은 국립중앙박물관이 없는 나라였고
소중한 문화유산들이 창고에서 숨죽이고 있어야 했습니다.

▲ 용산 국립중앙박물관

오늘의
다른
한국사

· 1992년 주한미군이 윤금이를 살해하다
· 1992년 휴거 사건이 일어나다

3월 3일

납세자의 날

1919년 3월 3일
고종 황제의 국장이 치러졌습니다.

1919년 1월 21일, 식혜를 마신 고종이 급사했습니다.
새까맣게 변한 시신을 놓고서 독살 의혹이 제기되기도 했습니다.

고종의 국장일에 많은 인파가 서울로 몰려들 것을 기대하며
기독교·천도교·불교의 대표 33인은 3월 3일에 만세운동을 하기로 계획하였으나
황제의 마지막 가는 길에 대한 예의가 아닌 것 같아
하루 전인 3월 2일로 만세운동 거사일을 정했습니다.
그때, 기독교계가 3월 2일 일요일은 주일이라며 반대하였고
결국 만세운동은 3월 1일 토요일로 결정되었습니다.

▲ 고종 국장식

오늘의 다른 한국사
· 1934년 강병학이 상하이 신사 투탄 의거를 일으키다
· 1981년 전두환이 12대 대통령에 취임하며 제5공화국이 출범하다

10월 27일

1978년 10월 27일
박병선 박사가 왕실의궤를 발견하였습니다.

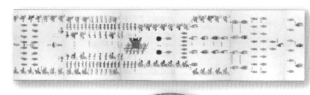

프랑스 파리 루브르 박물관에 보관된 우리 문화유산들입니다.
《왕오천축국전》은 프랑스 고고학자가 중국 둔황 석굴에서 발견했고
《직지심체요절》은 프랑스가 비용을 지불하고 샀기에 두 책은 돌려받기 어렵습니다.
그러나 외규장각 왕실의궤는 병인양요 때 약탈당한 것이니 돌려받을 자격이 있습니다.

박병선 박사는 루브르 박물관 지하창고에 의궤가 있다는 것을 알게 된 후
평생을 반환에 매진한 결과 2011년, 155년 만에 의궤를 돌려받게 됩니다.
비록 영구 반환이 아닌 5년 임대 형식 반환이지만
임대 갱신 권한은 우리에게 있습니다.

▲ 박병선 박사와 외규장각 의궤

 오늘의 다른 한국사

· 1987년 대통령 직선제가 국민 투표로 확정되다

3월 4일

1966년 3월 4일
브라운각서가 체결되었습니다.

박정희 대통령이 미국을 방문하여 케네디 대통령을 만났습니다.
케네디 曰 "한국군은 잘 훈련되어 있으니, 베트남에 군인 5천 명만 보내 주시오."
박정희 曰 "5만 명도 보낼 수 있습니다. 대신, 각서를 써 주시오."
케네디 사후 존슨 대통령의 명을 받은 미국대사 브라운은 각서를 작성합니다.

- 파병 비용은 미국이 부담하며 한국군의 현대화를 돕는다.
- 베트남에 한국 기업을 진출시킨다.

베트남 파병은 대한민국 경제 성장에 크게 기여했습니다.

▲ 박정희와 케네디·미국대사 브라운

오늘의
다른
한국사

· 1938년 3차 조선교육령이 발표되며 내선일체를 위한 황국신민화정책이 강화되다
· 1938년 평양의 숭의학교와 숭실학교가 신사참배를 거부하다 폐교되다

10월 26일

1597년 10월 26일 명량대첩
1909년 10월 26일 안중근의 의거
1979년 10월 26일 10·26 사건이 있었습니다.

1597년 이순신은 진도 울돌목에서 12척의 배로 133척의 일본군을 격파했습니다.
1909년 안중근은 하얼빈에서 초대 통감 이토 히로부미를 암살했습니다.
1979년 김재규가 궁정동 안가에서 박정희 대통령을 시해했습니다.

10월 26일 오늘의 한국사는 여러분이 선택하세요.

▲ 안중근·이순신·김재규

오늘의 다른 한국사

· 675년   신라가 당나라에게 매소성전투에서 승리하다 (음 675.9.29.)
· 1920년 홍범도와 김좌진이 청산리대첩을 이끌다
· 2021년 노태우 전 대통령이 사망하다

3월 5일

926년 3월 5일(음력 926년 1월 14일)
발해가 멸망하였습니다.

발해의 갑작스런 멸망은 지금도 우리에게 의문으로 남습니다.
거란(요나라)의 침략으로 멸망했다는 것이 정설이지만
발해와 거란의 전투 과정에 대한 기록이 불분명하고
발해 영토에 대한 거란의 직접적인 지배가 이루어지지 않았다는 점도 미스터리입니다.
그렇다면 발해의 멸망 원인은 정말 백두산 폭발 때문일까요?

오늘은 우리 역사에서 만주의 지배권을 상실한 날입니다.
발해를 꿈꾸며.

▲ 발해 석등과 이불병좌상

오늘의
다른
한국사

· 1011년 양규가 퇴각하는 거란군을 격파하고 포로 1,000여 명을 구출하다 (음 1011.1.22.)
· 1920년 조선일보가 창간되다

10월 25일

1900년 10월 25일
독도칙령이 발표되었습니다.

1905년 일본은 시마네현 고시를 발표합니다.
"다케시마는 주인이 없는 무주지이므로 일본령으로 편입한다."

그보다 5년 전인 1900년
대한제국의 황제 고종은 대한제국은 칙령 제41호를 통해
울릉도와 독도의 영유권을 국제적으로 선언하였습니다.

독도는 주인 없는 섬이 아니니 일본은 입 닫쳤으면 좋겠습니다.

▲ 독도와 울릉도

 오늘의 다른 한국사

· 1943년 홍범도 장군이 카자흐스탄에서 순국하다
· 2000년 '독도의 날'이 제정되다

3월 6일

1905년 3월 6일
조선의 이민자들이 멕시코로 떠났습니다.

인천항을 출발한 영국 상선 일포드호가
이민자 1,033명을 싣고 멕시코로 떠났습니다.
멕시코로 건너간 한인들은 선인장 농장 등에서 고된 노동에 시달려야 했습니다.
힘든 노역을 하면서도 그들은 월급을 모아 독립운동 자금에 보탰습니다.

멕시코인들은 한인 노동자들을 "애니깽"이라 불렀습니다.

▲ 멕시코 한인 이민자들

오늘의
다른
한국사 · 1883년 고종이 태극기를 국기로 공식 채택하다 (음 1883.1.27.)

10월 24일

372년 10월 24일 (음력 372년 9월 10일)
백제 근초고왕이 칠지도를 일본에 하사하였습니다.

근초고왕은 백제의 전성기를 구가한 왕입니다.
평양성을 공격하여 고국원왕을 죽였고 마한을 복속하였습니다.
또한 요서·산둥으로 진출하여 서해를 백제의 호수로 만들었습니다.
그런데 일본에서는 근초고왕이 칠지도를 조공으로 바쳤다고 합니다.
에이, 근초고왕이 섬나라 일본에게 조공이라뇨. 하사겠죠.

일본에서는 칠지도를 신물로 여겨 대중에게 한 번씩 공개합니다.
정장을 입은 노신사가 칠지도를 하늘 높이 치켜들면
일본인들은 무릎을 꿇고 울면서 절을 합니다.

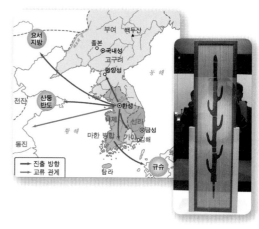

▲ 백제 전성기와 칠지도

오늘의
다른
한국사

· 1898년 독립협회가 중추원 관제 개정안을 발표하여 의회설립운동을 전개하다
· 1974년 동아일보 기자들이 자유언론실천선언을 발표하다
· 2016년 JTBC에서 최순실 보도를 시작하다

3월 7일

1866년 3월 7일(음력 1866년 1월 21일)
병인박해로 프랑스 신부들이 처형되었습니다.

홍선대원군은 유생들의 지지를 얻고자 천주교 탄압을 결정합니다.
병인박해로 조선인 신도가 무려 8천여 명이나 죽었고
프랑스 신부 12명 중 9명 역시 망나니에게 참수당합니다.
간신히 살아남은 신부 리델은 여장을 한 채 가마를 타고 청나라 톈진까지 탈출하여
프랑스 극동함대 사령관 로즈 제독에게 조선의 병인박해 소식을 전했습니다.

분노한 로즈는 프랑스 함대를 이끌고 조선을 침략하니
바로 프랑스와 조선이 싸웠던 병인양요입니다.

▲ 절두산 순교성지와 병인박해 그림

오늘의
다른
한국사
· 1973년 박정희가 선출한 국회의원들의 모임인 유신정우회가 창당되다

10월 23일

1996년 10월 23일
김구 암살범 안두희가 피살되었습니다.

▲ 박기서와 안두희

김구 암살범 안두희는 이승만 정권에서 군납공장으로 큰돈을 벌었지만
이승만 하야 후 평생을 벌벌 떨며 숨어 다녔습니다.
이민을 가려 했지만 국민여론으로 여권조차 발급이 안 되었습니다.
1965년 곽태영 씨에게 칼로 목을 두 번 찔렸고
1987년 노송구 씨에게 각목으로 맞았으며
1992년 권중희 씨에게 끌려가 백범 묘소에 강제 참배했고
그러다 버스 운전기사 박기서 씨의 정의봉에 맞아 죽었습니다.

같은 사람을 죽이고도 박기서 씨는 영웅대접을 받습니다.

오늘의
다른
한국사

· 1942년 조선어학회 사건이 일어나다

3월 8일

1993년 3월 8일
김영삼 대통령이 하나회를 해체하였습니다.

박정희는 동향 출신의 장성들을 모아 군부 내 사조직인 하나회를 만들었습니다.
박정희가 시해되자 하나회는 12·12 쿠데타를 일으켜 정권을 장악한 뒤
이에 저항하는 광주 시민들을 학살했습니다.
육사 11기생 전두환·노태우·김복동·정호영 그리고 이들의 후배 장세동·허화평…

이후 김영삼이 하나회를 해체하려 하자 군부는 이렇게 압박했습니다.
"무신정변이 왜 일어났는지 아는가?"
그러나 김영삼은 아랑곳하지 않고 별 42개를 한 방에 날려버렸습니다.
"개가 짖어도 기차는 달린다."

▲ 김영삼과 하나회

 오늘의 다른 한국사

· 1400년 조선 정종의 아우 이방원이 세제가 아닌 세자로 책봉되다 (음 1400.2.4.)

10월 22일

1965년 10월 22일
육군 맹호부대가 파병되어 베트남에 도착하였습니다.

한국전쟁이 일본의 경제를 살렸듯이
베트남전쟁은 한국의 경제에 큰 도움이 되었지만 여러 문제점을 야기했습니다.
유엔군이 아닌 미국의 용병으로 타국의 전쟁에 참전했다는 것과
미군이 뿌린 고엽제로 인해 많은 참전용사들이 고통을 받아야 했고
베트남 여인과 그 사이에서 태어난 라이따이한들이 베트남에 버려졌고
베트남의 민간인 학살 문제도 있습니다.

월남파병 용사들의 피와 땀을 기억하겠습니다.
"월남에서 돌아온 새까만 김상사. 이제서 돌아왔네."

▲ 베트남 파병 맹호부대와 참전군

오늘의
다른
한국사 · 2006년 최규하 전 대통령이 향년 87세로 서거하다

3월 9일

1896년 3월 9일
치하포 사건이 일어났습니다.

치하포 사건을 놓고 김구를 살인범이라고 하는 사람들이 있습니다.
을미사변이라는 치욕을 당하고도 착해 빠진 조선인들은 복수조차 꿈꾸지 못할 때
국모 시해의 원수를 갚기 위해 칼을 찬 일본군 장교를 죽인 것이 살인이라면
죽창을 들고 일본군과 싸웠던 동학농민군과 을미의병은 살인자 집단인가요?

혹자는 김구가 죽인 쓰치다는 평범한 민간인이었다고 주장합니다.
저희 역사바로잡기연구소의 연구 결과, 쓰치다는 100% 밀정이었습니다.

김구를 믿지 않고 일본의 주장을 믿는 썩을 놈들.

▲ 젊은 김구와 《백범일지》

오늘의 다른 한국사

· 2003년 노무현 대통령이 평검사들과 공개토론을 하다

10월 21일

경찰의 날

1395년 10월 21일(음력 1395년 9월 29일)
조선의 궁궐 경복궁이 완성되었습니다.

정도전은 조선의 궁궐이 완성되자 경복궁이라 이름을 붙였습니다.

다음은 조선의 5대 궁궐입니다.
경복궁, 태조 창건·임진왜란 소실·대원군 재건
창덕궁, 태종 창건·임진왜란 소실·광해군 재건
창경궁, 태종 창건·임진왜란 소실·광해군 재건·일제에 의해 동물원(창경원)
경희궁, 인조 아버지 정원군의 집·광해군 창건
경운궁, 월산대군의 집·임진왜란 당시 선조의 임시 궁궐·고종이 덕수궁으로 개칭

저는 창덕궁의 후원을 정말 사랑합니다.

▲ 경복궁·경희궁·덕수궁·창경궁·창덕궁

오늘의 다른 한국사	· 1908년 13도 창의군의 군사장 허위가 서대문형무소에서 사망하다 · 1994년 북한 핵문제 해결에 관한 〈제네바 기본합의서〉가 공식으로 서명되다

3월 10일

2017년 3월 10일
박근혜가 대통령직에서 파면되었습니다.

박근혜-최순실 게이트로 국정농단 사건을 일으킨 박근혜 대통령에 대해
국회에서 대통령 탄핵소추안이 가결되었고
국민들은 광화문에 모여 박근혜 퇴진을 촉구하는 촛불을 들었습니다.

헌법재판소는 재판관 전원일치로 박근혜 대통령의 탄핵을 심판합니다.
"대통령 박근혜를 파면한다."

요즘 보면 박근혜는 최소한 국민의 눈치는 보았던 것 같습니다.

▲ 이정미 대법관과 촛불집회

오늘의
다른
한국사

· 1924년 김좌진이 신민부를 조직하다
· 1938년 도산 안창호가 경성제국대학 병원에서 순국하다

10월 20일

2005년 10월 20일
북관대첩비가 100년 만에 일본에서 돌아왔습니다.

임진왜란 당시 일본군 2선발 가토 기요마사가 함경도를 점령하자
유생 정문부는 의병을 일으켜 북관대첩을 승리로 이끌며 함경도를 탈환했습니다.
정문부와 그의 기마병은 전쟁이 끝날 때까지 오로지 함경도만을 지켰습니다.
여진을 막기 위함이었다고 하지만, 답답한 조선이었습니다.

함경도에서 정문부의 승리를 기리기 위해 만든 북관대첩비는
죽은 일본인을 위로한다는 이유로 일본이 훔쳐 야스쿠니 신사로 가져갔다가
노무현 대통령의 항의로 100년 만에 돌아왔습니다.
이후 북관대첩비는 원래 있었던 북한의 함경도로 보내졌습니다.

▲ 노무현과 북관대첩비

· 1920년 청산리대첩의 10여 차례 전투 중 백운평에서 첫 전투가 벌어지다

3월 11일

1932년 3월 11일
양세봉의 조선혁명군이 영릉가전투에서 승리하였습니다.

한겨울 팬티 하나 걸친 채 압록강을 건너 국내로 진격한 양세봉 부대의 별명은
잠뱅이(빤스) 부대였습니다.
무장투쟁은 만주의 양세봉만 잡으면 끝난다는 말이 파다하던 당시
양세봉이 일본군의 함정에 빠져 죽자 부하들은 그의 시신을 평장합니다.
그러나 일본군은 기어이 양세봉이 묻힌 평장 무덤을 찾아 시신을 훼손했습니다.

남한의 현충원과 북한의 열사릉 모두에 묘가 존재하는 유일한 독립운동가.
그의 이름은 양세봉입니다.

▲ 양세봉과 만주 양세봉 흉상

오늘의
다른
한국사

· 1011년 양규와 김숙흥이 거란군과 싸우다 장렬히 전사하다 (음 1011.1.28.)
· 2010년 법정 스님께서 입적하다

10월 19일

1948년 10월 19일
여순 사건이 일어났습니다.

이승만 정권은 제주도 4·3 항쟁을 진압하기 위해
여수 주둔군 14연대에게 제주 출동 명령을 내렸습니다.
그러나 지창수 상사를 비롯한 남로당 소속 군인들이 명령에 불응하며 봉기했고
이에 놀란 이승만은 여수에 군대를 급파합니다.
포위된 14연대는 지리산으로 들어가 빨치산이 되었습니다.

문제는 반군을 진압하는 과정에서
여수와 순천의 무고한 민간인이 큰 피해를 겪었다는 사실입니다.
여순 사건은 2년 후 벌어질 한국전쟁의 전주곡이었습니다.

▲ 여순 사건 민간인 피해자

 오늘의 다른 한국사

· 1950년 한국전쟁 당시 육군 1사단이 평양에 가장 먼저 입성하다
· 1961년 정치깡패 이정재가 서대문형무소에서 사형당하다

3월 12일

839년 3월 12일 (음력 839년 윤달 1월 19일)
김우징이 민애왕을 죽이고 신무왕으로 즉위하였습니다.

김우징은 청해진의 장보고와 타협합니다.
"장보고 당신이 나를 왕으로 만들어 주면, 당신의 딸을 내 며느리로 들이겠소."

장보고의 군사적 지원을 받은 김우징은 민애왕을 몰아내고
신라의 45대 군주 신무왕으로 즉위하였습니다.
그러나 신무왕은 즉위한 지 겨우 6개월 만에 병이 나서 죽고 마는데…

신무왕의 아들 문성왕은 장보고의 딸과 혼인 약속을 어겼고
화가 난 장보고는 반란을 준비하다가 염장에게 살해됩니다.

▲ 장보고와 완도 청해진

오늘의
다른
한국사

· 1781년 정조가 초계문신제를 시행하다 (음 1781.2.18.)
· 1801년 순조가 공노비 6만여 명을 해방시키다 (음 1801.1.28.)
· 2004년 노무현 대통령 탄핵소추안이 가결되다

10월 18일

1170년 10월 18일 (음력 1170년 8월 30일)
무신정변이 일어났습니다.

고려 의종은 문신 관료들과 술을 즐겨 마셨습니다.
하루는 김부식의 아들 김돈중이 술에 취해 고려 상장군 정중부의 수염에 불을 붙였고
창피를 당한 정중부는 몸져누웠습니다.
의종은 무신들의 사기를 높이기 위해 수박희(격투기) 대회를 열었는데
젊은 문신 한뢰가 술에 취해 노장 이소응의 뺨을 치는 일이 발생하자
그 말을 전해 들은 정중부가 명령을 내렸습니다.
"문관 놈들은 씨도 남기지 말라."

이후 고려는 정확히 100년간 무인 시대가 전개됩니다.

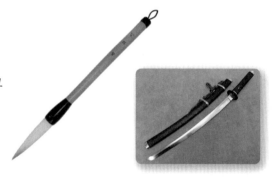

▲ 붓과 환도

· 1973년 제1차 석유 파동이 시작되다

3월 13일

1624년 3월 13일(음력 1624년 1월 24일)
이괄의 난이 일어났습니다.

인조반정의 2등공신으로 책정된 것도 불만인데
아들이 반역죄에 연루되기까지 하니 이괄은 이렇게 부르짖었습니다.
"자식이 역적인데 아비가 무사한 경우가 있더냐?"

이괄이 평안도 최정예 병력과 항왜들을 이끌고 한양을 점령하자
인조는 피난길 말 위에서 죽을 먹어가며 공주 공산성으로 숨었습니다.
반란은 조선 최고의 무장 정충신에게 진압되고 이괄은 부하들의 배반으로 죽습니다.
만약 이괄의 반란이 성공했다면 조선의 역사가 조금은 호방해지지 않았을까요?

● 항왜: 임진왜란 때 조선에 항복한 일본군

▲ 양재동 말죽거리와 공주 공산성

오늘의
다른
한국사 · 1975년 한국기자협회가 유신에 저항하며 언론자유투쟁위원회를 구성하다

10월 17일

1972년 10월 17일
유신헌법이 시작되었습니다.

7·4 남북공동성명이 발표되고 통일 분위기가 조성되자
박정희는 유신헌법을 발표하고 김일성은 사회주의 헌법을 발표합니다.
남북한 독재자들이 자신들의 권력 강화에 통일을 이용한 것입니다.

유신헌법에 의하면 대통령은 체육관에서 선출되어
임기 6년으로 연임이 가능했으니 사실상 총통제였습니다.
또한, 대통령이 국회의원 1/3을 임명하고
정치활동정화법으로 정치인의 정치 활동을 금지시켰으니
박정희는 분명 독재자였습니다.

▲ 통일주체국민회의와 긴급조치 제9호

오늘의
다른
한국사

· 1928년 대한민국 임시정부 초대 외무총장 박용만이 피살당하다

3월 14일

1593년 3월 14일 (음력 1593년 2월 12일)
행주대첩에서 승리하였습니다.

권율과 3천의 조선군이 3만의 일본군으로부터 행주산성을 지켜 냈습니다.
행주산성을 지킬 수 있었던 이유는 겹겹이 쌓아 만든 목책 덕분이었습니다.
병사들을 쉬게 하자는 사령관 권율의 명령을 거부하고
기어이 병사들을 동원해 목책을 쌓은 조경 장군이 없었다면
그리고 한강까지 판옥선을 이끌고 화살을 보급한 정걸 장군이 없었다면
행주대첩의 승리를 보지 못했을지도 모릅니다.

자신에게 항명한 조경을 벌하지 않고 조정에 칭찬하는 장계를 올린 권율도 대인배입니다.

▲ 행주대첩도와 행주산성 야경

오늘의
다른
한국사

· 1950년 이승만 정권이 조작한 국회 프락치 사건의 관련자들이 유죄 판결을 받다

10월 16일

부마민주항쟁 기념일

1979년 10월 16일
부마항쟁이 일어났습니다.

경찰이 YH무역회사 여공들의 신민당 당사 농성을 과잉 진압하자
신민당 김영삼 총재가 뉴욕타임스와 인터뷰를 하였습니다.
"미국은 한국의 독재정권과 민주정권 중에서 선택하라."

그러자 박정희 정권은 김영삼을 국회의원직에서 박탈시킵니다.
"허위사실을 유포하고 국회의원의 명예를 실추했다."

김영삼의 제명으로 그의 정치적 고향 부산과 마산에서 항쟁이 발생했으나
10·26 사건으로 박정희가 시해되면서 항쟁은 중단되었습니다.

▲ 부마항쟁

오늘의
다른
한국사

· 1988년 탈주범 지강헌이 인질극을 벌이며 "유전무죄 무전유죄"를 외치다

3월 15일

1960년 3월 15일
3·15 부정선거가 치러졌습니다.

자유당 이기붕 부통령 후보를 당선시키기 위한 부정선거가 자행됐습니다.
서로 손을 잡고 기표소 안에 들어가 표를 확인하는 3인조·9인조 투표와 투표함 바꿔치기 등.

예상 지지율과 너무나도 상반되는 투표 결과가 나왔습니다.
자유당 이기붕 후보 830만 표, 민주당 장면 후보 180만 표.

4·19 혁명이 괜히 일어난 게 아닙니다.

▲ 3인조 투표

오늘의
다른
한국사

· 1903년 고종황제가 징병제 조칙을 발표하다
· 1951년 1·4 후퇴 이후 70여 일 만에 국군이 서울을 재수복하다

10월 15일

1963년 10월 15일
63년 대선이 치러졌습니다.

1963년 대선에서 박정희에 대한 윤보선의 공격 카드는 두 가지였습니다.
"박정희는 빨갱이다", "박정희는 친일파다"
대선 결과, 15만 표라는 역대 가장 적은 차이를 보이며 박정희가 당선되었습니다.
이때 윤보선보다 박정희에게 무려 35만 표를 더 찍어준 지역이 있었으니
바로 전라도였습니다.
전라도민들은 여수·순천 사건으로 무기징역을 선고받은 박정희가 당선되면
자신들의 억울함을 풀어줄 수 있을 것이라고 생각했습니다.

박정희가 대통령에 당선되기 전까지 이 땅에 지역 감정은 없었습니다.

▲ 5대 대선 포스터

· 2023년 광화문 월대와 현판 및 해태상이 옛 모습으로 복원되다

3월 16일

1019년 3월 16일 (음력 1019년 2월 1일)
귀주대첩이 있었습니다.

거란(요나라)의 3차례 침략이 있었습니다.
1차 침략은 서희의 외교담판으로
2차 침략은 양규의 선전으로
3차 침략은 강감찬이 귀주대첩에서 승리하며 거란을 물리쳤습니다.
귀주대첩 이후 고려·송나라·요나라 사이에 동북아 세력 균형이 이뤄졌습니다.

고려의 최고 관직 문하시중을 지낸 강감찬은 귀주대첩 당시 72세의 문관이었습니다.
강감찬이 탄생한 낙성대 공원에 있는 장군의 동상은 다시 만들어야 합니다.
강감찬은 귀주대첩에서 결코 말을 타고 칼을 휘두를 수 없었기에…

▲ 낙성대 공원 강감찬 장군 동상

오늘의
다른
한국사

· 1608년 조선 선조가 사망하다 (음 1608.2.1.)

10월 14일

1398년 10월 14일(음력 1398년 8월 26일)
1차 왕자의 난이 일어났습니다.

이성계의 함흥 부인 신의왕후는 한씨는
방우·방과·방의·방간·방원·방연 여섯 아들을 낳았고
이성계의 개경 부인 신덕왕후 강씨는 방번과 방석 두 아들을 낳았습니다.
이성계가 정도전과 손잡고 세자 자리에 방석이를 앉히자
이방원은 이복동생 방번과 방석 그리고 정도전까지 죽입니다.

결국 이성계는 피눈물을 흘리며 상왕으로 물러나고
이방원은 일단 자신의 친형 이방과를 왕(정종)으로 앉혔습니다.

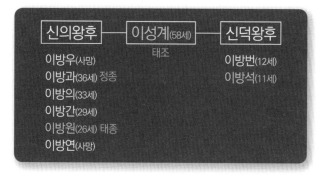

신의왕후	이성계(58세)	신덕왕후
	태조	
이방우(사망)		이방번(12세)
이방과(36세) 정종		이방석(11세)
이방의(33세)		
이방간(29세)		
이방원(26세) 태종		
이방연(사망)		

▲ 이성계 가계도

오늘의 다른 한국사

· 1897년 국호를 대한(大韓)으로 결정하다
· 1985년 《직지심체요절》을 만들었다는 청주 흥덕사 터를 발견하다

3월 17일

1608년 3월 17일(음력 1608년 2월 2일)
광해군이 즉위하였습니다.

임진왜란 중에 세자로 책봉된 광해군은
분조를 잘 이끌며 최전방에서 잘 싸웠던 덕에 백성들의 지지를 받았습니다.
전란 후 51세의 선조는 19살의 인목대비와 결혼해 영창대군을 얻었습니다.
어머니가 후궁이었던 서자 출신 광해군은
갓난아이 영창대군에게 세자 자리를 빼앗길 위기에 처했으나
선조가 급사하면서 왕위에 오를 수 있었습니다.

광해군이 폭군이라고요?
광해는 선조와 인조 사이의 군주였습니다.

▲ 광해군의 묘와 영화 〈광해〉

· 1430년 최초의 농서 《농사직설》이 반포되다 (음 1430.2.14.)
· 1919년 연해주에서 이동휘를 중심으로 대한국민의회가 설립되다
· 1933년 원심창·백정기·이강훈이 상해에서 육삼정의거를 일으키다

10월 13일

1466년 10월 13일(음력 1466년 8월 25일)
세조가 직전법을 시작하였습니다.

세조는 기존에 시행되어 전·현직 관료에게 토지의 수조권을 지급하는 과전법을 폐지하고
현직 관료에게만 수조권을 지급하는 직전법을 실시합니다.
그리고 수신전과 휼양전을 폐지합니다.
이는 전직 관료를 비롯하여 그들의 부인과 자식의 연금을 끊은 것입니다.

현직 공무원보다 전직 공무원을 먼저 챙기는 대한민국의 연금정책을 보자면
세조가 등장해야 할 시기입니다.

● 수조권: 국가 대신 토지세를 거둘 수 있는 권리로 관리의 녹봉으로 활용됨
● 수신전: 미망인에게 지급된 수조권
● 휼양전: 전직 관료 자식에게 지급된 수조권

▲ 세조 어진 초본과 영화 〈관상〉의 수양대군

 오늘의 다른 한국사

· 1966년 도굴꾼에게 도굴된 석가탑에서 《무구정광대다라니경》이 발견되다
· 1990년 노태우 대통령이 범죄와의 전쟁을 선포하다

3월 18일

1925년 3월 18일
임시정부에서 이승만이 탄핵되었습니다.

상해 임시의정원이 주장한 임시정부 초대 대통령 이승만의 탄핵 사유입니다.
"이승만은 외교를 구실로 직무지를 마음대로 떠나있은 지 5년
난국 수습과 대업의 진행에 성의를 다하지 않고 허황된 사실을 마음대로 지어내어
정부의 위신을 손상하고 정부의 행정을 저해하고 국고 수입을 방해하였고… (중략)"

대통령 임기 6년 동안 상해에서 고작 6개월을 머물렀고
국제연맹의 통치를 받자는 위임통치청원서를 제출하는 등 탄핵 사유는 충분했습니다.
대한민국의 헌법은 임시정부의 법통을 계승하므로
우리 역사상 처음으로 탄핵당한 대통령은 이승만입니다.

▲ 이승만

· 1912년 일제가 조선인에 한해 태형을 가할 수 있는 태형령을 공포하다

10월 12일

1897년 10월 12일
대한제국이 수립되었습니다.

고종은 아관파천을 단행하며 러시아 공사관으로 몸을 피한 지 1년 만에
경운궁(덕수궁)으로 돌아와 원구단에서 황제 즉위식을 거행했습니다.
국호는 대한제국이었고 연호는 광무였습니다.

황제국이 되어 중국의 속방에서 벗어나기는 했지만
입헌군주제도 아니고 공화정체 국민국가도 아닌
시대착오적인 전제군주제 황제 국가의 탄생이었습니다.

● 원구단: 황제가 하늘에 제사를 올리는 공간

▲ 고종황제와 원구단

 오늘의 다른 한국사

· 1618년 허균이 거열형으로 죽다 (음 1618.8.24.)
· 1982년 전남대 총학생회장 박관현이 단식 끝에 옥중에서 사망하다

3월 19일

1614년 3월 19일(음력 1614년 2월 10일)
영창대군이 사망하였습니다.

어렵게 왕이 된 광해군과 북인정권은 서인정권을 견제하기 위해
광해군의 계모 인목대비를 지금의 덕수궁인 경운궁에 유폐시키고
왕위 계승의 라이벌이자 인목대비의 아들 영창대군을 죽이는 계축옥사를 일으킵니다.
이를 폐모살제廢母殺弟라 합니다.
강화도에 유배 중이던 영창대군을 방에 가두고 불을 피워 증살시켰으니
당시 고작 9살이었던 영창대군이 가엽습니다.

훗날 서인들은 광해군의 중립외교와 폐모살제를 명분으로 인조반정을 일으켰습니다.

▲ 영창대군의 묘

오늘의 다른 한국사
· 1862년 진주민란이 일어나다 (음 1862.2.19.)
· 1993년 비전향 장기수 이인모가 42년 만에 북한으로 귀환하다

10월 11일

1724년 10월 11일(음력 1724년 8월 25일)
경종이 곶감을 먹고(?) 죽었습니다.

숙종의 여인 중에서 인현왕후는 자식을 낳지 못했으나
장희빈은 경종을, 최숙빈(동이)는 연잉군(영조)을 낳았습니다.
소론은 세자 경종을 지지했고 노론은 연잉군을 지지합니다.

숙종의 뒤를 이어 왕이 된 경종이 병석에 눕자
연잉군은 경종에게 간장게장과 곶감을 올렸고, 이를 먹은 경종이 죽습니다.
결국 연잉군이 왕(영조)에 올랐으나
영조는 선대왕 독살 의혹에서 자유롭지 못했습니다.

▲ 간장게장과 곶감

 오늘의 다른 한국사

· 1592년 임진왜란 때 박진이 비격진천뢰를 이용하여 경주성을 탈환하다 (음 1592.9.7.)

3월 20일

1654년 3월 20일(음력 1654년 2월 2일)
나선정벌이 있었습니다.

인조의 아들 효종은 청나라를 공격하여 병자년의 치욕을 씻자는 북벌을 준비합니다.
이때 청나라가 러시아와 시베리아 영토를 문제로 싸우게 되면서
조선에 구원병을 요청하자 조선은 대답합니다.
"예, 알겠습니다."
조선이 청나라를 돕기 위해 조총부대를 파병하니 이를 나선정벌이라고 합니다.

북벌은 광해군을 몰아낸 인조와 서인정권 그리고 효종의 정권 유지 명분에 불과했습니다.
반공이 친일파들의 생존 명분이 된 것처럼…

▲ 나선정벌 지도

 오늘의
다른
한국사

· 1923년 천도교 소년회의 기관지인 잡지 《어린이》가 발간되다
· 1946년 덕수궁에서 한반도 임시정부의 수립을 위해 제1차 미소공동회의를 열다

10월 10일

1796년 10월 10일(음력 1796년 9월 10일)
수원에 화성이 준공되었습니다.

정조가 아버지 사도세자의 묘인 수은묘를 수원으로 옮기며 융릉으로 격상시킨 뒤
팔달산 아래 명당 터에 행궁을 만들고 백성 3,000여 호를 이주하게 했습니다.
정조는 이곳에 화성을 건립합니다.
옹성과 망루까지 벽돌로 지어 가며 화려함으로 정조의 위엄을 보이려 하니
화성 건립을 반대하던 대신들이 항의했고 그러자 정조는 이렇게 말했습니다.
"아름다움이 적을 이길 수 있다."

수원화성 하면 떠오르는 정약용의 거중기와 배다리, 김홍도의 〈시흥환어행렬도〉까지…
수원화성에 또 가고 싶습니다.

▲ 김홍도 〈시흥환어행렬도〉와 거중기·수원화성 팔달문·배다리

오늘의
다른
한국사

· 1938년 중국 장제스의 후원을 받고 김원봉이 조선의용대를 창설하다

3월 21일

2001년 3월 21일
현대그룹 명예회장 정주영이 별세하였습니다.

세계적인 기업을 만든 그의 인생은 한 편의 영화와도 같았습니다.
특히 소떼 1,001마리를 이끌고 판문점을 넘어 고향 땅에 기증하고
금강산 관광을 가능케 한 그의 통일에 대한 노력은 박수받아 마땅합니다.

정주영이 87세의 나이로 별세하자
분단 이후 처음으로 북한이 조문단을 보내 애도를 표했습니다.

▲ 정주영과 방북 소 운반차량

오늘의 다른 한국사
· 2006년 국무회의에서 전두환과 노태우의 서훈 취소와 훈장 환수를 의결하다

10월 9일

1446년 10월 9일(음력 1446년 9월 10일)
훈민정음이 반포되었습니다.

"나라의 말이 중국과 달라 한자와는 서로 말이 통하지 아니하여
이런 까닭으로 어리석은 백성이 말하고자 하는 바가 있어도
제 뜻을 펴지 못하는 사람이 많다.
내가 이것을 가엾게 여겨 새로 스물여덟 글자를 만드니
모든 사람으로 하여금 쉽게 익혀 날마다 씀이 편하게 하고자 할 따름이니라."

세종대왕이 한글을 만든 이유는
기득권층 사대부만 누릴 수 있었던 글자라는 특권을 백성들에게도 나누어 주고자 한
백성을 사랑하는 마음, 바로 '애민'이었습니다.

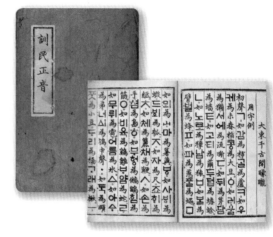

▲ 《훈민정음》과 《훈민정음 해례본》

오늘의
다른
한국사

· 1957년 한글학회가 《우리말 큰 사전》을 30년 만에 완간하다
· 1983년 미얀마 아웅산 폭파 사건이 일어나다

3월 22일

1801년 3월 22일 (음력 1801년 2월 9일)
신유박해로 정약용이 탄핵을 당하였습니다.

천주교에 관대했던 정조 곁에는 천주교 신자들이 많았습니다.
정조가 죽자 노론은 정조를 따랐던 시파와 남인들을 제거하려 신유박해를 일으킵니다.
신유박해로 정약전은 흑산도로, 정약용은 강진으로 유배를 갔습니다.
정약용에게 미안한 말이지만 그의 18년 유배 생활이 없었다면
그의 저서 《목민심서》《경세유표》《흠흠신서》《마과회통》《아방강역고》 등은
세상에 나오지 못했을 것입니다.

정약용의 유배지 다산초당에서 백련사로 가는 길, 동백꽃이 미치도록 아름답습니다.

▲ 다산초당과 백련사 가는 길

오늘의
다른
한국사

· 1938년 삼성그룹의 모태 삼성상회가 창립하다

10월 8일

1895년 10월 8일 (음력 1895년 8월 20일)
을미사변이 일어났습니다.

일본의 자객들이 경복궁 담을 넘어 명성황후(민비)를 시해합니다.
시신을 불태운 후 뼈를 빻아 경복궁의 향원정 연못에 뿌렸습니다.
민비는 역사적으로 비난 받아 마땅하지만, 그 비난할 자격은 우리에게 있습니다.
일본이 뭔데 조선의 중전마마를 함부로 죽인단 말입니까.
이런 치욕을 겪었으면서도
똑같이 갚아줄 생각조차 하지 못한 착한(?) 성품을 가진 우리 민족.

언젠가는 한국인들이 도쿄 에도성에 들어가…

▲ 민비 시해현장 건청궁 옥호루와 향원정

· 1894년 전봉준의 농민군이 재봉기 북상을 위하여 삼례로 집결 시작하다 (음 1894.9.10.)

오늘의
다른
한국사

3월 23일

1925년 3월 23일
임시정부의 2대 대통령으로 박은식이 선출되었습니다.

1925년 이승만이 탄핵당하자 박은식은 임시정부 2대 대통령으로 선출됩니다.
그러나 박은식 대통령은 노환으로 사직서를 제출하고 같은 해에 서거합니다.
《한국통사》를 저술한 민족주의 사학자 박은식은 우리 역사를 '국혼'이라 하였습니다.
"나라는 형체이니 사라질 수 있지만, 역사는 정신이니 사라질 수 없다."

박은식은 스스로를 태백광노太白狂奴라 칭했습니다.
자신은 조선(태백)만을 위해 살아가는 미친 노예가 되겠다는 의지였습니다.
우리 모두 태백광노가 됩시다.

▲ 박은식과 《한국통사》

오늘의
다른
한국사

· 983년   고려 성종 때 12목이 설치되면서 최초로 지방제도가 정비되다(음 983.2.1.)
· 1908년 장인환과 전명운이 미국 샌프란시스코에서 외교고문 스티븐슨을 저격하다

10월 7일

1979년 10월 7일
전 중앙정보부장 김형욱이 암살당하였습니다.

중앙정보부장 김형욱은 박정희 대통령에게 버림받은 후
미국 청문회에서 박정희의 코리아게이트 사건을 폭로하고
박정희의 치부를 고발하는 자신의 회고록 출판을 준비하다가
파리에서 돌연 실종됩니다.

2005년 국정원은 '국정원과거사진실규명위원회'에서
당시 중앙정보부장 김재규가 김형욱을 암살했다고 발표했습니다.
사료 분쇄기에 넣어 죽인 후 닭 모이로 줬다는 설이 있습니다.

▲ 김형욱

 오늘의 다른 한국사
· 1910년 일제가 이완용 등 76명에게 작위를 수여하다
· 1917년 한강 인도교가 개통되다

3월 24일

2004년 3월 24일
경주 남산에서 나정이 발견되었습니다.

어느 날 나정(우물)에서 말의 울음소리가 들려 사로국의 한 촌장이 그곳으로 향하니
말이 알을 품고 있다가 하늘로 날아갔다는 말도 안 되는 이야기가 있습니다.
말이 하늘을 날았으니… 천마총의 천마도?

홀로 남은 알을 깨고 나온 혁거세는 신라를 창건하여 1대 왕이 되었고
2대 왕 남해 차차웅은 나정에 사당을 세웠습니다.

신라 문화유산의 보물창고 경주 남산에서 발견된 나정에서는
1세기경에 제작된 것으로 추정되는 토기와 제사 도구가 발견되었습니다.

▲ 경주 남산 우물 터

오늘의 다른 한국사
· 1919년 김규식이 프랑스 파리에 한국 대사관을 설립하다
· 1949년 한글학회가 설립되다
· 1966년 한일무역협정이 정식으로 조인되다

10월 6일

1952년 10월 6일
백마고지전투가 시작되었습니다.

한국전쟁 당시 가장 치열했던 백마고지전투는
고지의 주인이 열흘 동안 12번이나 바뀔 정도로 치열했습니다.
영화 〈고지전〉에서
인민군 장교(류승룡)가 국군 장교(신하균)에게 이렇게 말합니다.
"국방군 너희들은 싸우는 이유를 몰라."

훗날 백마고지전투에서 둘은 다시 만나게 됩니다.
신하균 曰 "싸우는 이유가 뭔데, 그 이유를 안다며?"
류승룡 曰 "내래 알고 있었는데, 너무 오래돼서 잊어버렸어."

▲ 백마고지 삼용사 동상과 영화 〈고지전〉

오늘의
다른
한국사

· 1946년 천주교 서울 교구가 경향신문을 창간하다
· 1955년 《조선왕조실록》 간행을 착수하다

3월 25일

1908년 3월 25일
창경궁이 동물원 창경원이 되었습니다.

일제는 대한제국의 황제 순종의 무료함을 달랜다는 핑계로
창경궁의 전각을 허물고 동·식물원을 만들었습니다.
유원지가 되어버린 조선의 궁궐 창경궁에서는
각종 동물의 울음소리와 사람들의 깔깔대는 소리가 북적였습니다.
창경궁은 해방을 맞고 한참이 지난 1983년이 되어서야 원래의 이름을 되찾았습니다.

언젠가는 우리도 너희들의 에도성이나 오사카성을
동물원으로 만들어도 되겠지?

▲ 창경원과 오늘날 창경궁

 오늘의
다른
한국사

· 1881년 이만손과 유생들이 위정척사를 주장하며 영남만인소를 올리다 (음 1881.2.26.)
· 1994년 김영삼 정부가 우루과이라운드 (UR) 농산물 수입 개방을 결정하다

10월 5일

세계 한인의 날

1592년 10월 5일 (음력 1592년 9월 1일)
이순신이 부산포를 공격하였습니다.

이순신의 1차 출정은 옥포·합포·적진포 전투
이순신의 2차 출정은 사천·당포·당항포·율포 전투
이순신의 3차 출정은 한산도·안골포 전투
그리고 이순신의 4차 출정은 일본군의 본진 부산포 공격이었습니다.

부산포해전은 한산도대첩보다 더 큰 승리였지만
이 전투에서 이순신은 자신의 오른팔 정운 장군을 잃습니다.

"믿는 이 그대인데 이제는 어이 할꼬, 슬프다 이 세상에 누가 내 속 알아주리."

▲ 부산포해전과 정운 장군

 오늘의 다른 한국사

· 1919년 김성수가 경성 방직 회사를 설립하다

3월 26일

1910년 3월 26일
안중근이 뤼순 감옥에서 순국하였습니다.

안중근은 하얼빈역에서 을사늑약의 원흉 이토 히로부미를 암살하고
뤼순 감옥에서 형장의 이슬이 되었습니다.
안중근의 유언입니다.
"내가 죽은 뒤 나의 뼈를 하얼빈 공원에 묻어 두었다가
우리 국권이 회복되거든 고국에 반장해 주시오."
"나는 천국에 가서도 마땅히 우리나라의 회복을 위해 힘쓸 것이오."

그러나 우리는 아직 안중근의 유해를 모시지 못했습니다.

▲ 안중근과 그의 사형 집행장

· 1936년 안익태가 미국 필라델피아에서 작곡한 애국가를 발행하다
· 1991년 대구에서 개구리소년 실종사건이 발생하다
· 2010년 천안함 사건이 일어나다

10월 4일

1965년 10월 4일
강재구 대위가 부하들을 살리고 산화하였습니다.

한 이등병이 훈련 중 안전핀이 제거된 수류탄을 손에서 놓쳤고
그 수류탄은 대기 중이던 훈련병들 한가운데로 떨어집니다.
강재구 대위는 그 수류탄 위로 몸을 날려 폭음과 함께 산화합니다.
그의 희생으로 많은 장병들의 목숨을 구했습니다.

강재구 대위의 정신은 맹호부대 '재구대대' 창설로 이어졌습니다.

▲ 강재구 대위와 강재구 동상

 오늘의 다른 한국사
· 1979년 김영삼이 의원직에서 제명되다
· 2007년 노무현과 김정일이 10·4 남북공동선언을 합의하다

3월 27일

한국 프로야구가 출범하여 첫 경기가 열렸습니다.

한국 프로야구 첫 경기인 MBC 청룡과 삼성 라이온즈의 대결은 연장까지 진행되었고
10회 말 MBC 청룡의 이종도가 만루홈런을 치며 역전승을 거두었습니다.

프로야구의 출범은 국민의 관심사를 정치로부터 멀어지게 하려는 전두환의 의도였습니다.
그러나 정작 전두환의 학살극이 자행된 광주를 연고지로 하는 해태 타이거즈가
우승을 독차지하며 광주 시민들의 설움을 달래 주었습니다.
1980년대 광주 무등 경기장에서는 해태 타이거즈를 응원하며 이 노래가 울려 퍼졌습니다.
"사공의 뱃노래 가물거리면, 삼학도 파도 깊이 스며드는데~
부두의 새악시 아롱젖은 옷자락, 이별의 눈물이냐 목포의 설움."

▲ 시구하는 전두환과 해태 타이거즈의 우승

> 오늘의 다른 한국사
>
> · 1950년 북한의 김일성이 남로당 간부 김삼룡과 조만식의 교환을 제의하다

10월 3일

기원전 2333년 10월 3일
단군이 고조선을 건국하였습니다.

단군께서 고조선을 건국한 정확한 날짜를 알기는 어렵습니다.
1909년 대종교에서 음력 10월 3일을 개천절로 결정했고
1919년 임시정부도 이를 따랐습니다.
1949년에는 양력 10월 3일을 개천절로 선포합니다.

"홍익인간弘益人間"
저는 이런 멋진 건국 이념을 가진 국가를 고조선 외에 알지 못합니다.

● 홍익인간: 널리 인간 세상을 이롭게 한다는 뜻

▲ 단군 왕검

오늘의 다른 한국사 · 1592년 임진왜란 중 이정암이 연안성전투에서 승리하며 황해도를 탈환하다 (음 1592.8.28.)

3월 28일

1126년 3월 28일(음력 1126년 2월 26일)
이자겸의 난이 일어났습니다.

고려 왕실의 중첩된 혼인과 근친혼으로 인종은 이자겸의 외손자이자 사위가 되었습니다.
훗날 이자겸은 인종이 반항(?)하자 척준경에게 인종을 체포할 것을 명합니다.
척준경은 인종을 잡는다며 개경 궁궐에 불을 지르니 이를 이자겸의 난이라 합니다.

척준경에게 배신당한 이자겸은 전라도 영광으로 유배를 갑니다.
인종이 늙은 이자겸을 개경으로 부르자
이자겸은 영광 법성포의 말린 조기를 둘둘 말아 글과 함께 보냈습니다.

"굴비屈非(비굴하지 않겠다)"

▲ 영광 법성포 굴비

오늘의
다른
한국사

· 1894년 상해에서 김옥균이 고종이 보낸 자객 홍종우에게 암살당하다 (음 1894.2.22.)
· 1922년 김익상·오성륜·이종암이 상해 황포탄의거를 일으키다
· 1969년 김수환 대주교가 교황청 추기경에 서품되다

10월 2일

732년 10월 2일 (음력 732년 9월 5일)
발해의 장문휴가 산둥반도를 선제공격하였습니다.

발해의 2대 왕 무왕(대무예)은 흑수부 말갈족 공격을 계획했습니다.
그러나 무왕의 동생 대문예가 흑수부 말갈의 편을 들면서 형제간 사이가 멀어졌고
대문예는 형을 피해 당나라 산둥반도(등주)로 몸을 피합니다.

무왕이 장문휴에게 동생 대문예를 잡아오라는 명령을 내리자
장문휴가 산둥반도를 공격하여 등주 자사 위준을 죽입니다.

우리 역사에 몇 없는 중국 본토 선제공격이었습니다.

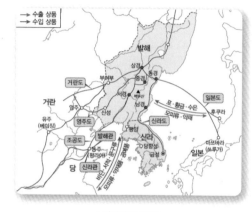

▲ 발해의 대외관계

 오늘의 다른 한국사
· 1880년 2차 수신사 김홍집이 《조선책략》을 전하다 (음 1880.8.28.)
· 2007년 노무현과 김정일이 만나 제2차 남북정상회담을 개최하다

3월 29일

2001년 3월 29일
인천 국제공항 시대가 열렸습니다.

대한민국의 관문 인천 국제공항은 세계 최고의 공항입니다.

인천 국제공항의 민영화를 주장하는 자들이 있다면
그들이 바로 도둑놈입니다.

▲ 인천 국제공항

오늘의
다른
한국사

· 1795년 정조가 어머니 혜경궁을 모시고 수원으로 행차를 나서다 (음[윤] 1795.2.9.)

10월 1일

936년 10월 1일(음력 936년 9월 8일)
후백제가 멸망하고 후삼국이 통일되었습니다.

918년, 왕건이 궁예를 몰아내고 고려를 건국하였습니다.
926년, 발해가 멸망된 후 고려는 발해 유민을 포섭했고
935년, 신라가 고려에 항복하였습니다.
936년, 후백제가 멸망하고 후삼국이 통일되었습니다.

왕건은 아들 신검과의 불화로 고려에 귀부한 견훤을 앞세워 후백제를 공격하고
일리천(선산)전투에서 후백제를 격파하여
민족의 재통일을 이루었습니다.

▲ 고려의 건국과 후삼국 통일

오늘의
다른
한국사

· 1946년 대구에서 10·1 사건이 발생하다
· 1953년 한미상호방위조약이 체결되다
· 1958년 구인회가 금성사(LG전자)를 설립하다

3월 30일

2004년 3월 30일
한국 고속철도 KTX 개통식이 열렸습니다.

지진이 나도 달린다는 일본의 신칸센 (2011년 쓰나미 때는 멈춤).
그러나 우리 국민 정서상 일본 고속철도의 기술협력을 받기 어려웠습니다.
이러한 때 미테랑 프랑스 대통령이 방한했습니다.
이후 김영삼 대통령이 프랑스를 방문했을 때
미테랑은 파리 공항에 마중 나와 김영삼의 양쪽 볼에 뽀뽀하며
"쥬뗌므!"

KTX는 프랑스 'TGV'의 기술협력을 받아 개통되었습니다.

▲ 미테랑·김영삼과 KTX

오늘의
다른
한국사

· 1950년 북한의 김일성이 소련을 방문하여 스탈린을 만나다

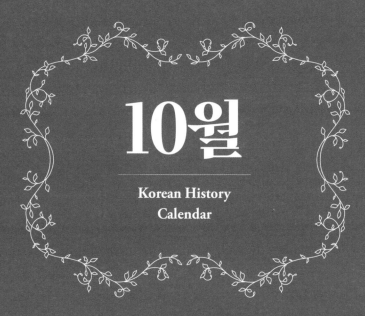

10월

Korean History
Calendar

3월 31일

2023년 3월 31일
전두환의 손자 전우원이 광주에 사죄하였습니다.

전두환 일가가 광주 5·18 민주화운동 희생자들에게 처음으로 사과했습니다.
전우원은 5·18 망월동 국립묘지를 찾아 무릎을 꿇고 사죄하며 용서를 빌었고
광주 시민들과 유족들은 눈물을 흘리며 그의 손을 잡아 주었습니다.

사과와 반성 없이 편하게 죽은 전두환을 용서할 수 없습니다.
손자만도 못한…

▲ 전두환과 그의 손자 전우원

오늘의
다른
한국사

· 1906년 애국계몽운동 단체 대한자강회가 설립되다
· 1988년 새마을운동 중앙본부 비리 사건으로 전두환의 동생 전경환이 구속되다

9월 30일

1983년 9월 30일
민청련(민주화운동청년연합)이 창립되었습니다.

민청련은 5·18 민주화운동의 진실을 밝히려 노력하며 전두환 독재에 저항했습니다.
민청련의 의장 김근태와 부의장 장영달은
남영동 치안본부 대공분실에서 각종 고문을 당했고
김근태 의장은 고문 후유증으로 2011년 64세로 생을 마감합니다.

영화 〈노무현입니다〉에서 유시민은 이렇게 말했습니다.
"김근태 의장은 존경스럽고, 노무현 대통령은 사랑스러운 분이었습니다."
"김근태 의장은 여러 가지를 따라 배우고 싶은 분이었다면
노무현 대통령께는 무언가 해드리고 싶은 분이었습니다."

▲ 김근태와 장영달

오늘의
다른
한국사

· 1990년 대한민국과 소련이 수교를 맺다

4월

Korean History
Calendar

9월 29일

1984년 9월 29일
북한이 대한민국에게 수재 물품을 지원하였습니다.

서울에서 수해가 발생하자 북한이 말했습니다.
"동포애와 인도주의 입장에서 쌀 5만 석을 남한에 구호물자로 제공하겠다."
전두환 정부는 북한의 제의를 받아들였습니다.
"고맙게 받겠다."

가난했던 북한은 당황해하며 남한에 구호물자를 보냈습니다.
1980년대 그 당시 우리나라 국민이 보기에도 북한의 구호물자는 형편없었습니다.
이날 이후 북한은 남한을 돕겠다는 말을 꺼내지 않습니다.

▲ 북한의 형편 없는 구호물자

오늘의 다른 한국사 · 1457년 세조의 큰아들 의경세자가 죽다 (음 1457.9.2.)

4월 1일

1938년 4월 1일
일제가 국가총동원법을 발표하였습니다.

일제는 만주사변과 중일전쟁이 발발하자 조선을 대륙 침략의 병참 기지로 만들며
조선에 총동원령을 내렸습니다.
미곡공출로 조선의 모든 쌀은 전쟁터의 군량미가 되었고
금속공출로 집집의 숟가락, 밥그릇과 학교와 교회의 종은 일본군의 총알이 되었으며
가축공출로 마을에서는 음메 꿀꿀 소리가 사라지게 됩니다.

물적 수탈로도 부족했던 일제는 인적 수탈을 자행합니다.
징용으로, 학도병으로, 징병으로 그리고 위안부 성노예로…

● 공출: 일제강점기 전시체제의 강제 수탈

▲ 금속·미곡 공출과 위안부 성노예

오늘의
다른
한국사

· 1919년 유관순이 아우내 장터에서 만세운동을 주도하다
· 1968년 대한민국 향토예비군이 창설되다
· 1968년 포항제철 (포스코)이 창립되다

9월 28일

1506년 9월 28일(음력 1506년 9월 2일)
중종반정이 일어났습니다.

▲ 연산군의 묘

무오사화와 갑자사화 등 많은 사람을 죽인 연산군.
채홍사와 흥청망청 그리고 장녹수 등 여색을 밝힌 연산군.
조선의 풀 한 포기까지도 자신의 것이라고 한 연산군.
관리들에게 '신언패'를 차게 하여 입단속을 시킨 절대권력의 연산군.
결국 왕권과 사대부 기득권층이 충돌하여 반정이 일어났고
연산군의 이복동생 진성군이 왕(중종)이 됩니다.

그런데요. 연산군이나 중종이나.

● 채홍사: 미녀를 찾기 위해 파견된 관리

· 681년 신문왕이 김흠돌의 난을 진압하다 (음 681.8.8.)
· 1920년 유관순이 고문으로 서대문형무소에서 순국하다
· 1950년 6·25 전쟁 중 국군이 서울을 수복하다

4월 2일

1930년 4월 2일
최초의 비행사 안창남이 비행기 사고로 사망하였습니다.

안창남은 일제강점기 독립운동가이자 조선의 비행사입니다.
안창남이 비행하는 모습을 보기 위해 여의도에 5만여 명의 군중이 모여들었습니다.
비행을 마친 그는 이렇게 말했습니다.
"서대문감옥에 갇혀 있는 형제들도 나의 비행하는 모습을 보았을지…"

암울했던 그 당시 일본 선수를 상대로 하늘에서는 비행기로, 땅에서는 자전거로
승리하여 조선의 자존심을 지킨 두 사람의 노래가 있습니다.
"떴다 보아라 안창남의 비행기, 내려다보니 엄복동의 자전거"

▲ 안창남과 영화 〈자전차왕 엄복동〉

오늘의 다른 한국사 · 2003년 국회에서 이라크 파병동의안이 가결되다

9월 27일

1992년 9월 27일
노태우 대통령이 역사상 처음으로 중국을 방문하였습니다.

노태우 정권의 가장 큰 업적은 북방외교입니다.
1989년 헝가리와 수교하고 1990년 소련과 수교한 이후
1992년 중국과 수교하면서 북방정책이 완성되었습니다.

그러나 북방정책에 반대하던 육군사관학교 교장은 육사 졸업식 날
노태우 대통령 면전에서 이렇게 축사를 남겼습니다.
"우리의 적은 누구고, 우리가 지켜야 할 가치는 무엇인가?"

육사교장은 소신과 신념을 가지고 말했겠지만
얼마나 자신이 시대착오적이었는지 몰랐던 것 같습니다.

▲ 노태우·고르바초프·장쩌민

오늘의
다른
한국사

· 1925년 6·10 만세운동을 주도한 조선학생과학연구회 조직되다
· 1983년 로마교황청이 김대건 신부 등 한국인 93명을 '성인'에 최종 승인하다

4월 3일

1948년 4월 3일
4·3 사건이 발생하였습니다.

미군정의 실정과 제주도 친일경찰의 횡포로 제주도민은 신음했습니다.
남한만의 단독선거를 반대하며 김달삼을 비롯한 남로당원들이 경찰서를 습격하자
경찰과 군인들은 좌익무장대를 숙청한다는 명분으로 강경한 탄압을 가했고
그 과정에서 제주도의 수많은 민간인들이 학살당했습니다.
학살된 이들 중 상당수가 어린이와 노인 그리고 여성들이었습니다.
제주도의 유명한 관광지들이 4·3 사건의 학살 현장이었다는 것을 아시는지요.

제주도 4·3 평화공원에서 그곳에 있는 무덤들을 보노라면
누군가에게 쌍욕이 터져 나옵니다.

▲ 제주 4·3 희생자 묘역과 월정리 해수욕장

오늘의 다른 한국사 · 2006년 노무현 대통령이 국가 원수 최초로 제주도 4·3 희생자 위령제에 참석하다

9월 26일

1653년 9월 26일(음력 1653년 8월 6일)
하멜 일행이 조선에서 잡혔습니다.

바다에서 표류하던 하멜은 제주도에서 붙잡힌 뒤 조선에서 지옥 같은 13년을 보냈습니다.
노역을 해야만 했고, 흉년에는 춤을 추고 구걸하며 살아갔습니다.
하멜은 자신과 같은 네덜란드인으로 먼저 조선땅을 밟은 벨테브레에게
도움을 요청했지만
조선에서 박연이라는 이름으로 조선 여인과 결혼하여 잘살고 있던 벨테브레는
못 알아듣는 척하며 하멜을 외면합니다.

조선을 간신히 탈출한 하멜은 《하멜표류기》를 썼습니다.
책 어디에도 조선이 후진적이거나 더럽다는 표현은 없습니다.

▲ 제주 하멜 동상과 제주 하멜전시관

오늘의
다른
한국사

· 1974년 천주교 정의구현전국사제단이 발족하여 시국선언을 발표하다

4월 4일

1994년 4월 4일
서재필의 유해가 미국에서 돌아왔습니다.

독립협회와 독립문을 만들어 민중을 계몽하려 했던 서재필은
조선인임을 부정하며 고종에게 절을 올리지 않았고
우리말이 아닌 영어로만 대화했던 철저한 미국인 필립 제이슨이었습니다.
서재필은 조선에서 쌓은 막대한 재산을 챙겨 미국으로 돌아간 후
일제강점기 35년 동안 민족의 아픔을 외면했습니다.

훗날 서재필의 유해가 동작동 국립묘지에 들어가는 것을 역사가들이 반대합니다.
외국인은 우리 국립묘지에 묻힐 수 없기 때문입니다.

▲ 서재필과 그의 묘·독립문

오늘의
다른
한국사

· 1926년 국내 사회주의 단체들이 모여 정우회선언을 하다

9월 25일

1597년 9월 25일(음력 1597년 8월 15일)

이순신이 바다에서 싸우겠다는 내용의 장계를 선조에게 썼습니다.

원균이 칠천량에서 대패하자 선조는 이순신을 다시 삼도수군통제사로 임명합니다.
"더 이상 무슨 말을 하리오, 더 이상 무슨 말을 하리오."

이순신이 남해안을 돌며 패잔병을 모으고 군량미를 얻고
판옥선 12척을 확보했을 때 내려온 선조의 교지.
"수군의 전력이 약하니 권율의 육군과 합류해 싸우라."

억장이 무너진 이순신은 선조에게 장계를 올립니다.
"신에게는 아직도 12척의 함선이 있습니다."

▲ 이순신이 장계를 올린 장소 보성 열선루

 오늘의 다른 한국사 · 1998년 신한일어업협정이 체결되다

4월 5일

2005년 4월 5일
낙산사에 화재가 발생하였습니다.

낙산사는 통일신라 의상 스님이 창건한 유서 깊은 절입니다.
낙산사에 화재가 일어나 사찰 건물과 문화재들이 소실되었지만
복구 사업으로 옛 모습을 되찾고 있으니 다행입니다.
요즘 낙산사와 낙산해수욕장이 있는 강원도 양양은 서핑의 성지가 되어
젊음이 넘쳐납니다.

낙산사에서 바라보는 일출은 정말 장관입니다.

▲ 낙산사와 일출

오늘의 다른 한국사

· 1920년 일제가 연해주 신한촌의 한인 300명을 학살하는 신한촌참변이 발생하다
· 1947년 제1회 식목일 기념식이 열리다

9월 24일

1978년 9월 24일
고령의 지산동 고분에서
가야의 금동관이 발굴되었습니다.

김수로왕이 건국한 가야는 4세기까지 김해의 금관가야가 중심을 이루었고
5세기 이후에는 고령의 대가야가 중심이 되었습니다.
이후 금관가야는 신라의 법흥왕, 대가야는 신라의 진흥왕에게 멸망합니다.

가야는 6세기에 멸망하고 백제와 고구려는 7세기에 멸망합니다.
가야가 단지 백제와 고구려보다 100년 빨리 멸망했다는 이유로
고구려·백제·신라만의 삼국시대로 불려야 되겠습니까?
열국시대라고 합시다.

▲ 가야 금동관과 고령 지산동 고분

· 1108년 척준경이 함주·영주 전투에서 여진족을 격파하다 (음 1108.8.11.)

오늘의
다른
한국사

4월 6일

1906년 4월 6일
의병장 신돌석이 거병하였습니다.

을사의병장 신돌석은 최초의 평민 의병장입니다.
사람들은 양양과 삼척, 또 영덕과 울진 등에서 신출귀몰하며
일본군을 공포에 떨게 한 신돌석을 향해 "태백산 호랑이"라고 불렀습니다.
그러나 신돌석은 현상금을 노린 사촌 형제의 배신으로 비참한 최후를 맞이합니다.

신돌석의 시입니다.
"나그네 갈 길을 잊고서 낙목이 가로누운 단군의 터전을 한탄하노라.
남아 27세에 이룬 일이 무엇인가."

▲ 신돌석

오늘의 다른 한국사

· 1984년 88서울올림픽의 마스코트 아기 호랑이의 애칭이 "호돌이"로 결정되다

9월 23일

1592년 9월 23일(음력 1592년 8월 18일)
임진왜란 때 금산전투가 있었습니다.

조헌이 이끈 700여 명의 의병과
영규대사가 이끈 800여 명의 승병은 금산전투에서 전멸합니다.
유교 국가 조선은 조헌이 이끈 700여 명의 의병을 기리며 금산에 칠백의총을 만들었으나
나라를 위해 이들과 함께 목숨 바친 스님들을 홀대했습니다.

오늘날 금산 칠백의총에는
영규대사를 비롯한 스님 800여 명이 합사되어 있으니
금산 천오백의총이라고 부르는 게 맞을 듯합니다.

▲ 금산 칠백의총

오늘의 다른 한국사

· 1886년 최초의 근대식 관립학교인 육영공원이 개교하다 (음 1886.7.27.)

4월 7일

1896년 4월 7일
독립신문이 창간되었습니다.

서재필이 만든 독립신문은 최초의 한글 신문이자 민간 신문이었습니다.
서재필은 독립신문의 마지막 면에 영문판 기사를 실어
조선의 실정을 외국에 알리려 노력하였습니다.

1957년 독립신문의 창간 정신을 기리고자 이날을 '신문의 날'로 제정합니다.
제1회 신문의 날을 맞이하여 발표된 표어입니다.
"신문은 약자의 반려"

오늘날 대한민국의 신문들은 강자를 반려합니다.

▲ 독립신문

오늘의 다른 한국사 · 1996년 박찬호가 미국 메이저리그에서 첫 승을 거두다

9월 22일

1966년 9월 22일
국회의원 김두한이 국무위원들에게 똥물을 투척하였습니다.

일제강점기 조선을 대표하는 주먹이었던 장군의 아들(?) 김두한은
해방 이후 국회의원이 되었습니다.
1966년 한국비료의 사카린 밀수 관련 자금이 여당 공화당으로 유입됐다는 의혹에
김두한은 국회 본회의에서 똥물을 투척하며 이렇게 말합니다.

"이건 국민들이 주는 사카린이니 골고루 나눠 먹어라."

지금 우리 국회에는 김두한이 필요합니다.

▲ 오물을 투척하는 김두한과 영화 〈장군의 아들〉

오늘의 다른 한국사

· 1597년 정유재란의 최대 전투 남원성전투가 시작되다 (음 1597.8.12.)
· 1948년 반민족행위처벌법이 공포되다

4월 8일

1450년 4월 8일 (음력 1450년 2월 17일)
세종대왕께서 승하하셨습니다.

위대한 군주 세종대왕의 삶은 과연 행복했을까요?
아버지(태종)에 의해 자신의 처가는 박살났고
아들 세자(문종)는 항상 병석에 있었으며
세 명의 며느리들은 모두 죽어 계모조차 없는 어린 손자(단종)를 보며 가슴 아파했고
자신은 각종 합병증으로 고생해야 했습니다.
그렇게 54세에 승하한 세종대왕에 비해 세자 자리를 양보(?)한 후
평생을 유흥에 빠져 살았던 양녕대군은 69세까지 살며 천수를 누렸으니…

여러분은 세종대왕과 양녕대군 중 누구처럼 살고 싶으신가요?

▲ 여주 영릉과 광화문 세종대왕 동상

 오늘의
다른
한국사

· 1970년 서울 서대문 와우아파트 5층 건물이 붕괴되다
· 1979년 충주에서 고구려 천하관이 깃든 충주고구려비가 발견되다

9월 21일

1984년 9월 21일
아프리카 가봉 대통령이 방한하였습니다.

아프리카 가봉이라는 나라를 알고 있나요?
가봉은 우리의 절대 우방(?)입니다.
8대 대통령 박정희의 취임식에 미국과 일본을 비롯한 전 세계가 보이콧 선언을 할 때
단 세 나라만이 우리에게 축전을 보냈으니…
대만과 에티오피아 그리고 가봉이었습니다.

이후 가봉의 대통령 봉고가 한국을 방문하여 전두환과 만났습니다.
이때 만들어진 기아의 승합차 이름은
"봉고"입니다.

▲ 가봉의 봉고·박정희와 기아 봉고차

오늘의 다른 한국사

· 1939년 친일파 박영효가 사망하다

4월 9일

'사법사상 암흑의 날'로 지정되었습니다.

유신 독재에 대한 시위가 거세지자 박정희 정부는 간첩 사건을 조작 발표합니다.
인민혁명당을 조직했다는 혐의로 대구의 지식인들을 잡아다가
고문을 가하고 거짓 자백을 받아낸 뒤 사형을 구형합니다.
그리고 다음 날, 항소 기회도 주지 않은 채 바로 사형을 집행합니다.

인혁당 사건은 박정희 정권의 사법 살인이었습니다.
스위스 제네바의 국제법학자협회는
대한민국 사법부에서 인혁당 사건 관련자들에게 사형을 구형한 4월 9일을
'사법사상 암흑의 날'로 지정합니다.

▲ 인민혁명당 재판

오늘의
다른
한국사

· 1590년 황윤길과 김성일이 통신사 자격으로 일본으로 출발하다 (음 1590.3.6.)

9월 20일

1985년 9월 20일
남북한 이산가족이 처음으로 상봉하였습니다.

전쟁통에 가족과 생이별을 겪으며 이산가족이 된 사람들은
수십 년간 서로 만날 수 없는 고통 속에서 살고 있었습니다.
1983년, 대한민국에서 남남이산가족 상봉이 시작됩니다.
"누가 이 사람을~ 모르시나요~"
2년 뒤 1985년 남북이산가족 상봉이 이루어졌습니다.

그래도 전두환은 이산가족 상봉에 적극적이었습니다.
박정희보다.

▲ 이산가족 찾기

 오늘의 다른 한국사 · 1909년 정미의병의 13도창의군 이인영이 서대문형무소에서 순국하다

4월 10일

1950년 4월 10일
대한민국 해군 최초의 전투함인
백두산함이 실전 배치되었습니다.

손원일 제독을 위시한 해군 장병들이
전투함 구입을 위해 모금운동을 전개하자
이승만 정부도 동참하지 않을 수 없었습니다.
그렇게 만들어진 백두산함은 전국에 있는 해군 기지로 순회를 다녔습니다.
백두산함은 한국전쟁 하루 전 6월 24일, 진해항에 입항했고
부산에 기습 침투하려는 북한의 함선을 격퇴하는 등
한국전쟁에서 그 역할을 톡톡히 했습니다.

▲ 손원일과 백두산함

오늘의
다른
한국사

· 1900년 한성전기회사가 종로에서 최초의 민간 가로등 3개를 점등하다

9월 19일

1932년 9월 19일
지청천이 쌍성보전투에서 승리하였습니다.

만주사변 이후 만주에서는 한국과 중국의 항일연합작전이 전개됩니다.
지청천의 한국독립군은 중국의 호로군과 연합하여
쌍성보전투와 사도하자전투 그리고 대전자령전투에서 승리합니다.
지청천은 훗날 한국광복군의 총사령관이 되었습니다.

영화 〈암살〉에서 안옥윤(전지현)을 찾기 위해
한국독립군 부대로 향한 염석진(이정재)이 말합니다.
"지청천 장군은 어디 계시는가?"

▲ 지청천

오늘의
다른
한국사

· 1851년 김문근의 딸이 철종의 왕비(철인왕후)로 책봉되다 (음 1851.8.24.)

4월 11일

1623년 4월 11일(음력 1623년 3월 12일)
인조반정이 일어났습니다.

"광해군은 명나라와 의리를 저버렸다."
"광해군은 폐모살제를 하였으니 패륜아다."
서인은 광해군과 북인을 몰아낸 후 능양군을 왕(인조)으로 세웠습니다.

인조반정은 조선을 제대로 변화시켰습니다.
모든 것을 최악으로.

▲ 인조의 아버지 정원군의 집터 경희궁

오늘의
다른
한국사

· 1951년 미국 대통령 트루먼이 UN군 총사령관 맥아더를 해임하다
· 1960년 마산 앞바다에서 김주열 시신이 발견되다

9월 18일

1598년 9월 18일(음력 1598년 8월 18일)
도요토미 히데요시가 죽었습니다.

도요토미 히데요시가 죽고 나서 임진왜란은 끝이 났습니다.
"몸이여, 이슬로 왔다가 이슬로 가나니
오사카의 영화여, 꿈속의 꿈이로다."

이딴 말이나 지껄이는 놈 때문에
우리 강토가 짓밟히고 수백만 명이 죽었습니다.

도요토미 가문을 멸족시키고 들어선 에도막부는 조선과 사이좋게 지냈습니다.

▲ 도요토미 히데요시와 그의 묘

오늘의
다른
한국사

· 1899년 노량진에서 제물포를 잇는 경인선 철도가 개통되다
· 1931년 일본이 만주사변을 일으키다

4월 12일

1597년 4월 12일 (음력 1597년 2월 26일)
이순신이 파직당하였습니다.

선조는 이런 명령을 내렸습니다.
"이순신은 일본에서 부산으로 건너오는 가토 기요마사를 요격하라."

가토가 언제 부산으로 건너올지 모르는 상황에
아무리 이순신이라도 불가능한 명령이었습니다.
이때 선조에게 올린 원균의 상소.
"나는 가토 기요마사를 요격할 수 있습니다."

암군 선조와 빌런 원균의 합작으로 이순신이 파직당했습니다.

▲ 원균과 파직당하는 이순신

 · 1970년 한국을 조국처럼 사랑한 프랭크 스코필드 (석호필)가 사망하다

9월 17일

1988년 9월 17일
서울올림픽이 개막되었습니다.

세계의 시선이 서울을 향했습니다.
잠실 경기장에서 소년이 굴렁쇠를 굴렸습니다.
"손에 손잡고, 벽을 넘어서"

1980년 모스크바올림픽은 대한민국을 포함한 서구권 국가들이 불참합니다.
1984년 LA올림픽은 사회주의 국가들이 불참합니다.
1988년 서울올림픽은 미국과 소련 등이 모두 참여하며 냉전 종식의 밑거름이 됐습니다.

▲ 88올림픽과 굴렁쇠 소년

오늘의 다른 한국사	· 527년 신라 이차돈이 불교의 전파를 위해 순교하다 (음 527.8.5.) · 1940년 지청천을 총사령관으로 하여 대한민국 임시정부 한국광복군이 창설되다 · 1991년 남북한이 UN에 동시가입하다

4월 13일

1987년 4월 13일
4·13 호헌조치가 발표되었습니다.

박종철 고문치사 사건으로 넥타이 부대까지 등장하며
대통령 직선제 개헌을 요구하는 시위가 거세집니다.
그러자 대통령 전두환은 뭔가를 결심한 듯 대국민 담화문을 발표했고
국민들은 혹시나 하면서 그의 입에 주목했습니다.
"본인은… 기존 헌법을 수호할 거야."
"본인은… 직선제 개헌, 안 할 거야."

4·13 호헌조치는 1987년 6월 항쟁의 도화선이 되었습니다.

▲ 넥타이 부대와 4·13 호헌조치를 발표하는 전두환

오늘의
다른
한국사

· 1946년 북한이 무상몰수와 무상분배를 골자로 한 토지개혁을 실시하다

9월 16일

1945년 9월 16일
한국민주당이 창당되었습니다.

일제강점기 친일자본가 김성수를 중심으로 한국민주당(한민당)이 창당됩니다.
한민당은 미군정의 지원을 받았고 대한민국 정부 수립에 일조하였으나
이승만에게 토사구팽을 당한 후 야당으로 변모합니다.
한민당은 오늘날 민주당의 전신입니다.

이승만의 자유당과 박정희의 공화당은 그렇다 치더라도
전두환의 민정당이 민자당, 신한국당, 한나라당, 새누리당, 자유한국당
그리고 미래통합당 또 국민의힘으로 바뀌었으니
민정당은 오늘날 국민의힘의 전신입니다.

▲ 한민당 김성수와 이승만

오늘의
다른
한국사

· 1701년 숙종의 두 번째 왕비 인현왕후가 사망하다 (음 1701.8.14.)
· 1846년 한국인 최초의 로마 가톨릭 사제 김대건 신부가 사망하다

4월 14일

1504년 4월 14일 (음력 1504년 3월 20일)
연산군이 갑자사화를 일으켰습니다.

연산군이 간신 임사홍 덕(?)에 친모 폐비 윤씨의 죽음에 대해 알게 되면서
조정은 피바람이 몰아치는데…
연산군은 폐비 윤씨를 모함한 자신의 계모 귀인 정씨와 엄씨를 불러 놓고
그 친아들에게 직접 몽둥이를 쥐어 주며 자신의 어머니를 때려죽이게 합니다.
게다가 귀인 정씨와 엄씨의 시신을 찢어 젓갈로 담그라 명한 후
할머니 인수대비를 찾아가 머리를 들이받은 것도 모자라
죽은 한명회의 무덤을 파서 뼈를 빻는 부관참시를 하였습니다.

"엄마의 원수를 갑자사화"

▲ 한명회의 묘

오늘의
다른
한국사

· 1885년 최초의 근대식 병원 광혜원이 설립되다 (음 1885.2.29.)
· 1975년 장발족에 대한 일제 단속에 나서다

9월 15일

1950년 9월 15일
인천상륙작전이 전개되었습니다.

인천 앞바다는 조수 간만의 차가 크고 갯벌이 많아
대규모 상륙지로 맞지 않았으나 맥아더는 작전을 감행했습니다.
인천이 아닌 군산에 상륙하는 척 북한군에게 혼선을 주다가
다시 동해안에 상륙하는 듯 동해에서 항공모함 미주리호가 포격을 시작했습니다.

허를 찌른 인천상륙작전의 성공의 결과
국군과 UN군은 9월 27일 서울을 수복하고
10월 1일 38도선을 넘어 북진을 단행합니다.

▲ 인천상륙작전과 맥아더 장군

오늘의
다른
한국사
· 1898년 전차가 최초로 개설되어 서대문에서 청량리까지 운행하다
· 1977년 고상돈이 한국인 최초로 에베레스트 등정하다

4월 15일

1919년 4월 15일
제암리 학살 사건이 일어났습니다.

▲ 3·1 기념탑과 제암리 교회

제암리 학살 사건은 3·1 운동에 대한 일본의 복수극이었습니다.
일본 헌병 30여 명이 경기도 화성 제암리의 주민들을 불러 모은 후
15세 이상 남자들을 교회당에 가둬 불을 지르며 집단 총격을 가해 죽였습니다.
가족을 찾아 울부짖으며 달려온 여인들은
예배당 밖에서 죽음을 당합니다.

당시 외국인 선교사 스코필드(석호필)가 이를 기록으로 남겼고
일제의 만행이 전 세계 언론을 통해 알려질 수 있었습니다.

오늘의 다른 한국사

· 1864년 동학의 창시자 최제우가 대구 장대에서 처형되다 (음 1864.3.10.)
· 1885년 영국 함대가 거문도를 불법 점령하다 (음 1885.3.1.)

9월 14일

1969년 9월 14일
3선 개헌안이 날치기 통과되었습니다.

1963·1967년 대통령에 당선된 박정희는 대통령 임기 4년 중임제에 입각하여
더 이상의 대선 출마는 어려운 상태였습니다.
당시 여당 공화당은 박정희의 71년 대선 출마를 위해 3선개헌을 시도했고
야당 신민당의 거센 반발에 직면합니다.
그러자 공화당은 새벽 국회의사당 별관에 몰래 모여 3선 개헌안을 통과시켰습니다.
국회의장이 의사지휘봉을 가져오지 않아
급히 주전자 뚜껑을 세 번 내려치는 코미디를 연출했으니…

대한민국의 대통령 4년 중임제는 헌법 파괴자들에 의해 두 번이나 깨졌습니다.

▲ 3선개헌 반대운동과 김대중의 연설

· 1920년 의열단원 박재혁이 부산경찰서에 폭탄을 던지다

4월 16일

2014년 4월 16일
세월호가 가라앉았습니다.

교사 시절 학생들과 함께
큰 배를 타고 제주도로 수학여행을 간 적이 있습니다.
제가 탔던 배가 침몰 중이었다면
교사였던 저는 학생들을 가장 먼저 챙겼을 것 같습니다.
그래서였을까요?
세월호 참사 당시 많은 선생님들께서 돌아가셨습니다.

그날 저는 끊었던 담배를 다시 태웠습니다.

▲ 세월호 추모 리본

오늘의 다른 한국사 · 1974년 국립박물관이 서울 암사동에서 5천 년 전 신석기 시대 취락지를 발굴하다

9월 13일

1948년 9월 13일
김병로가 초대 대법원장에 취임하였습니다.

김병로는 창씨개명과 식량 배급을 거부한 독립운동가였습니다.
해방 후 대한민국의 초대 대법원장에 임명된 김병로는
반공보다는 인권을 중시하고 국가보안법 폐지를 주장하기도 하였습니다.

"법관은 굶어 죽는 것을 영광으로 알아야 한다."

김병로 대법원장이 대한민국 사법부의 첫 수장이었음이 자랑스럽습니다.
김병로 대법원장의 손자가 바로 정치인 김종인입니다.

▲ 김병로와 손자 김종인

오늘의 다른 한국사
· 1597년 이순신이 삼도수군통제사에 다시 임명되다 (음 1597.8.3.)
· 2015년 9월 13일을 대한민국 법원의 날로 지정하다

4월 17일

1997년 4월 17일
전두환과 노태우가 형을 확정받았습니다.

대법원에서 반란과 내란수괴죄로
전두환에게 무기 징역형을, 노태우에게 징역 17년형을 확정했습니다.
그러나 전두환과 노태우는 형량을 1년도 채우지 않은 채
당시 대통령 당선자 김대중에 의해 사면됩니다.
국민통합과 용서와 화해라는 이유였지만…

용서할 게 있고 안 할 게 있습니다.

▲ 노태우와 전두환

오늘의 다른 한국사

· 1619년 사르후전투에서 강홍립이 후금에게 항복하다 (음 1619.3.4.)
· 1971년 기자들이 〈언론자유 수호선언〉을 발표하다

9월 12일

1921년 9월 12월
의열단원 김익상이 조선총독부에 폭탄을 투척하였습니다.

▲ 김익상

김익상은 전기수리공으로 위장한 채 조선총독부 2층에 폭탄을 투척합니다.
얼마 뒤, 2층으로 뛰어 올라가는 일본 헌병들을 향해 태연하게 말했습니다.
"2층은 너무 위험하니 올라가지 마세요."
김익상은 조선총독부를 유유히 빠져나갑니다.

1년 후 김익상은 상해 황포탄에서 일본 육군대장 다나카를 저격하려다
실패하며 체포되었고, 무려 21년의 옥살이를 해야만 했습니다.
1943년이 되어서야 출소한 김익상은 집으로 찾아온 일본 경찰을 따라나섰다가
행방을 감췄습니다.

 오늘의 다른 한국사 · 1916년 대종교의 교조 나철이 구월산에서 일제의 폭정에 통탄하며 자결하다

4월 18일

943년 4월 18일 (음력 943년 3월 13일)
고려 광종이 즉위하였습니다.

▲ 고려 궁궐터 만월대

고려의 4대 왕 광종은 개국공신과 호족을 대대적으로 숙청하고
노비안검법을 실시하여 호족의 사병을 혁파하였습니다.
또한 최초로 과거제를 시행하여 멍청한 호족 출신들의 정계 진출을 막았습니다.
광종은 자신을 황제라 칭하였고, 광덕과 준풍 등의 연호를 사용하였으며
수도 개경을 '황도'라 칭하는 등 왕권강화정책을 제대로 펼쳤습니다.

조선에 태종 이방원이 있었다면, 고려에는 광종 왕소가 있었습니다.

● 노비안검법: 후삼국 혼란기에 억울하게 노비가 된 자를 풀어 주는 법

오늘의 다른 한국사
· 1627년 인조가 강화도에서 후금과 형제 관계의 정묘화약을 맺다 (음 1627.3.3.)
· 1885년 청나라와 일본이 톈진 조약을 체결하다 (음 1885.3.4.)
· 1994년 경부고속철도 기술 공급자로 프랑스 TGV가 확정되다

9월 11일

1919년 9월 11일
상하이에 통합임시정부가 수립되었습니다.

이승만을 총리로 한 상하이임시정부는 외교독립론을 주장했습니다.
손병희를 대통령으로 한 연해주의 대한국민의회는 무장투쟁론을 주장했습니다.

통합이 필요했습니다.
그리하여 서울 한성정부의 법통을 계승하고
연해주 대한국민의회를 흡수·통합하여
상하이에 통합 임시정부가 수립되었습니다.
대통령은 이승만, 총리는 사회주의자 이동휘였습니다.
임시정부는 분명 좌우합작 정부였습니다.

▲ 상하이 임시 의정원

 오늘의 다른 한국사

· 1980년 김대중에게 내란음모죄로 사형이 구형되다
· 1989년 노태우 대통령이 한민족 공동체 통일방안을 발표하다

4월 19일

1960년 4월 19일
4·19 혁명이 일어났습니다.

이승만 정권의 독재와 부정부패, 3·15 부정선거에 대한 분노.
얼굴에 최루탄이 박힌 채 마산 앞바다에서 발견된 중학생 김주열 군의 시신.
시위는 전국적으로 확산됩니다.
4월 19일 경무대 앞에서 경찰들의 발포로 186명이 사망하고 1,500여 명이 다쳤습니다.

부정선거의 원흉 이기붕과 그의 부인 박마리아 여사는
자신들의 큰아들이자 이승만이 양자로 삼은 이강석에게 죽음을 당합니다.
그리고 이강석은 자결합니다.

▲ 이강석·프란체스카·이승만·이기붕·박마리아·이강욱

· 1947년 서윤복이 보스턴 마라톤에 출전해 세계 신기록을 세우며 우승하다

9월 10일

1910년 9월 10일
《매천야록》의 저자 황현이 자결하였습니다.

"선비를 기른 지 500년이 넘었는데 나라가 망하는 날 한 사람도 죽는 이가 없다면
이 얼마나 통탄할 일이겠는가. 너희들은 너무 슬퍼하지 말거라."

자식들에게 유언을 쓴 황현은 〈절명시〉를 남기고 자결하였습니다.

"새와 짐승도 슬피 울고 강산도 찡그리네.
무궁화 우리 강산이 망하였구나.
가을 등불 아래 책을 덮고 지난 역사 헤아리니
인간 세상에 식자 노릇 참으로 어렵구나."

▲ 황현

오늘의 다른 한국사
· 1919년 일제의 통치방식이 무단통치에서 문화통치로 전환하다

4월 20일

1866년 4월 20일(음력 1866년 3월 6일)
흥선대원군이 민자영을 고종의 왕비로 들였습니다.

대원군은 대체 왜 그랬을까요?
세도정치기 안동 김씨 등이 외척으로서 권력을 잡은 것을 보고도
자신의 처가는 외척으로 발호하지 않을 것이라는 자신감이었을까요?

대원군의 어머니, 부인, 며느리, 손자 며느리 모두 여흥 민씨였습니다.
대원군은 자신이 만든 것이나 다름없는 민씨 척족 정권과
끊임없이 싸워야만 했습니다.

이렇게 근친혼이 계속되다 보니 마지막 황제 순종께서 조금 부족하셨고…

▲ 민비 추정 사진들

오늘의 다른 한국사
· 1997년 황장엽 북한 노동당 비서가 망명하다
· 1999년 이순신 장군의 묘소에서 식칼과 쇠말뚝이 발견되다

9월 9일

1948년 9월 9일
조선민주주의인민공화국이 수립되었습니다.

민주주의? 아닙니다. 독재국가입니다.
인민들의 나라? 아닙니다. 백두혈통의 나라입니다.
공화국? 아닙니다. 전제군주제입니다.

우리가 북한의 독재자들을 미워하는 이유는
민주주의에 기반하지 않은 이념은 어떤 것이라도 용납할 수 없기 때문입니다.
그렇기에 대한민국의 독재자들 역시 용납이 안 됩니다.
또한 우리는 북한과 북한 정권을 구분할 줄 알아야 합니다.
북한의 독재자를 향한 적대감은 정당하지만, 동포를 향한 적대감은 반민족입니다.

▲ 북한의 초대 내각

오늘의
다른
한국사
· 1945년 조선총독부에 진주한 미군이 일장기를 내리고 성조기를 올리다
· 1987년 배우 강수연이 영화 〈씨받이〉로 44회 베니스영화제 여우주연상을 수상하다

4월 21일

1903년 4월 21일
러시아가 압록강 하구의 용암포를 점령하였습니다.

조선에서 벌목 사업으로 세력을 확장하고 싶었던 러시아는
압록강 하구 용암포에 포대를 설치하고
전함을 불법으로 정박시켰습니다.
이에 일본이 반발하면서 러시아와 일본의 대립은 커져만 갑니다.

용암포 사건은 다음 해 발발한 러일전쟁의 배경이 되었습니다.

▲ 러일전쟁 풍자화

오늘의
다른
한국사

· 1980년 강원도 정선군에서 노사분규 사북사태가 일어나다
· 2006년 세계에서 가장 긴 방조제, 새만금 방조제가 완공되다

9월 8일

1945년 9월 8일
맥아더 포고문이 발표되었습니다.

맥아더 포고문이 발표된 다음 날, 미군은 한반도에 진주합니다.
1조 38도선 이남은 본관의 명령을 따르라.
2조 공공기관에 근무했던 자는 그대로 있으라(친일파 부활).
5조 모든 공용어는 영어로 한다.
맥아더의 포고문으로 친일파들의 살길이 열린 셈이니 뼈아픕니다.

반면, 북한으로 들어간 소련군 사령관 치스차코프의 포고문은 이러했습니다.
"해방을 축하한다. 소련은 너희들의 건국 준비를 돕겠다."
소련은 해방군이었다고요? 글쎄요… 둘 다 점령군 맞습니다.

▲ 맥아더와 치스차코프

 오늘의 다른 한국사
· 1934년 남대문에 국내 1호 신호등이 설치되다
· 1971년 대한민국 국토종합개발계획이 발표되다

4월 22일

1917년 4월 22일
독립운동가 이상설이 사망하였습니다.

이상설은 을사늑약 반대 연설 중 강단 아래로 머리를 박아 자결을 시도했습니다.
이후 간도로 건너가 민족학교 서전서숙을 운영했고
헤이그 특사가 되어 네덜란드 만국평화회의에 참석합니다.
이상설은 연해주에서 최초의 공화정인 대한광복군정부를 수립하고 정통령에 취임합니다.

이상설이 47세의 젊은 나이에 죽은 것은 큰 비극입니다.
그가 조금만 더 오래 살았다면
임시정부의 초대 대통령은 이승만이 아닌 이상설이었을 것입니다.

▲ 이상설과 그의 동상

· 1884년 우정국이 창설되고 총판에 홍영식이 임명되다 (음 1884.3.27.)
· 1907년 고종의 비밀 지령을 받고 이상설과 이준이 헤이그 특사로 출국하다
· 1944년 대한민국 임시정부의 주석으로 김구가 취임하다

9월 7일

1482년 9월 7일 (음력 1482년 8월 16일)
성종이 폐비 윤씨에게 사약을 먹였습니다.

성종은 사가의 소꿉친구였던 윤씨를 왕비로 맞이했습니다.
성종은 성군이라고 할 수 있지만 후궁을 많이 두었던 왕으로
중전 윤씨의 질투심을 유발합니다.
성종과 말다툼을 벌이던 중전 윤씨가 왕의 얼굴을 할퀴어 용안에 상처를 내니…
결국 중전 윤씨는 폐비가 되어 유배 중 사약까지 내려집니다.
흔히 성종의 어머니 인수대비가 폐비 윤씨를 죽였다고 하지만
사실 남편 성종의 의중이 가장 크지 않았겠습니까?

훗날 폐비 윤씨 죽음의 전말을 알게 된 친아들 연산군은 피의 복수를 합니다.

▲ 폐비 윤씨의 묘

오늘의
다른
한국사

· 1993년 김영삼이 고위공직자 재산공개법을 단행하다

4월 23일

1948년 4월 23일
남북연석회의 결의문이 발표되었습니다.

김구와 김규식은 북한에서 김일성과 김두봉을 만나 남북연석회의 결의문을 발표합니다.
"남한 단독정부 수립을 반대한다."
"미국과 소련은 한반도에서 철수하라."
그러나 끝내 남한만의 단독 선거인 5·10 총선이 치러졌습니다.

김구는 분단을 막기 위해 지푸라기라도 잡는 심정으로 김일성을 만났고
김일성은 분단에 대한 역사적 책임이라도 면하고자 거짓 연기한 것이었고
이승만은 자기 갈 길을 갔던 것이고…

▲ 북한에서 만난 김구와 김일성

오늘의
다른
한국사

· 1363년 고려의 문신 김용이 일으킨 흥왕사의 난을 최영이 진압하다 (음[윤] 1363.3.1.)
· 1728년 경종의 죽음을 의심하는 소론을 중심으로 이인좌의 난이 발생하다 (음 1728.3.15.)
· 1895년 러시아가 프랑스와 독일을 끌어들여 일본을 압박하는 삼국간섭이 일어나다

9월 6일

1945년 9월 6일
조선인민공화국(인공)이 수립되었습니다.

여운형은 해방과 더불어 조선건국준비위원회(건준)를 구성한 뒤
미군의 국내 진주 소식을 듣고 급히 조선인민공화국을 수립합니다.
그리고 인공의 인민위원회가 행정과 치안의 공백을 메웠습니다.
북한에 진주한 소련군은 인민위원회의 자치를 인정했고
북한의 인민위원회는 친일파를 대대적으로 숙청합니다.
그러나 남한에 진주한 미군정은 인민위원회의 자치를 인정하지 않았고
김두한 등 반공청년들을 이용하여 인민위원회를 해체시키니…

남한에 주어진 친일파 처벌의 첫 번째 기회가 이렇게 날아갔습니다.

▲ 건국준비위원회 여운형

오늘의
다른
한국사

· 1956년 야수파 서양화가 이중섭이 사망하다

4월 24일

1991년 4월 24일
탁구 남북단일팀 '코리아'가
세계선수권 대회에서 우승하였습니다.

남측의 현정화·홍차옥, 북측의 리분희·류순복
이들은 가슴에 한반도 마크가 새겨진 유니폼을 입고 한 팀이 되었습니다.
결승 상대는 세계선수권 8연패를 달성한 중국팀.
간염에 걸린 리분희 대신 출전한 류순복이
세계 1위 덩야핑에게 기적적으로 승리하며 남북단일팀이 금메달을 차지합니다.

메달 시상식에서는 애국가 대신 '아리랑'이 울려 퍼졌습니다.

▲ 현정화와 리분희

오늘의
다른
한국사

· 1865년 흥선대원군이 만력제의 가묘 만동묘를 철폐하다 (음 1865.3.29.)
· 1895년 전봉준과 손화중 등 동학농민군의 지도자가 처형당하다 (음 1895.3.30.)

9월 5일

1371년 9월 5일 (음력 1371년 7월 18일)
모니노가 궁궐에 들어와 공민왕의 아들이 되었습니다.

공민왕은 신돈을 제거한 뒤 모니노라는 5살 꼬마를 데려와 자신의 아들로 삼았습니다.
공민왕이 자제위에게 시해당하며 모니노가 즉위하니 바로 우왕입니다.
얼마 후 위화도회군을 단행한 이성계는 '폐가입진廢假立眞'을 외치며
우왕과 창왕을 죽였습니다.
우왕 모니노는 공민왕의 아들이 아니라 요승 신돈의 아들이라는 주장이었습니다.

우왕은 사약을 먹기 전 왕족을 상징하는 어깻죽지의 용비늘을 보이며 외쳤습니다.
"나는 왕씨다."

● 폐가입진: 가짜를 폐하고 진짜를 세운다는 뜻

▲ 우왕의 묘가 있었다는 여주 대당리

오늘의
다른
한국사

· 1905년 포츠머스조약이 체결되어 러일전쟁이 끝나다
· 2020년 BTS가 미국 빌보드 차트에서 1위를 달성하다

4월 25일

1923년 4월 25일
백정들의 형평운동이 시작되었습니다.

갑오개혁으로 신분제가 폐지된 지 30여 년이 지났지만
여전히 백정들의 호적에는 붉은 방점이 찍혀 있었습니다.
경상도 진주에서 한 학부모가 이렇게 말했습니다.
"내 아들을 백정의 자식과 같은 학교에 입학시킬 수 없다!"

차별 대우에 열받은 백정 출신 아버지가 전국의 백정들에게 연락을 취합니다.
전국의 백정들이 조선형평사를 조직하고 차별 철폐를 외쳤습니다.
"공평은 사회의 근본이고 사랑은 인간의 본성이다."

▲ 형평운동 포스터

오늘의
다른
한국사

· 1736년 사도세자가 세자에 책봉되다(음 1736.3.15.)
· 1893년 동학인 2만여 명이 보은집회를 열다(음 1893.3.10.)

9월 4일

1909년 9월 4일
간도협약이 체결되었습니다.

간도는 조선 숙종이 백두산정계비를 세워 우리의 영토임을 알린 곳입니다.
대한제국 고종황제도 이범윤을 간도관리사로 파견하기도 하였습니다.
그러나 일제는 을사늑약을 체결하며 대한제국의 외교권을 빼앗은 후
안동와 봉천을 잇는 남만주 철도부설권을 얻기 위해
간도를 청나라 영토로 인정하는 간도협약을 체결하였습니다.
을사늑약이 강압에 의한 무효조약이라면
조선의 외교권을 함부로 행사한 일본은 간도를 청에 넘긴 책임을 분명히 져야 합니다.

이래저래 일본과 중국은 참…

▲ 북간도가 포함된 대한신지지부지도

 · 1882년 고종이 중인과 서얼에 대한 차별철폐를 발표하다 (음 1882.7.22.)

4월 26일

1960년 4월 26일
이승만이 하야하였습니다.

이승만 정권의 무능과 3·15 부정선거로 시작된 4·19 혁명.
시민들을 향한 경찰의 발포로 수많은 사상자가 나왔고 대학 교수들은 이렇게 외쳤습니다.
"학생들의 피에 보답하라."

대한민국 군대까지 정부에 등을 돌리자 이승만은 하야를 발표합니다.
"국민이 원한다면…"
젠장, 국민들은 진작부터 원했는데…

4월 19일을 '피의 화요일', 4월 26일을 '승리의 화요일'이라 합니다.

▲ 철거되는 이승만 동상과 하와이로 떠나는 이승만

오늘의 다른 한국사
· 996년 최초의 화폐 건원중보가 만들어지다 (음 996.4.1.)
· 1885년 광혜원을 제중원으로 개칭하다 (음 1885.3.12.)

9월 3일

1912년 9월 3일
경성 감옥이 서대문 감옥으로 개칭되었습니다.

서대문형무소로 개칭된 이곳은 우리 독립투사들의 마지막 거처였습니다.

정미의병장 허위는 이곳의 최초 사형자입니다.
이완용을 피습한 이재명은 이곳에서 형장의 이슬이 되었습니다.
유관순은 각종 고문을 받은 후 옥중에서 숨졌습니다.
노인단을 조직하고 사이토 총독에게 폭탄을 던진 강우규 의사 또한
이곳 서대문형무소에서 형장의 이슬이 되었습니다.
"단두대 위에 서니 오히려 봄바람이 부는구나.
몸은 있으나 나라가 없으니 어찌 감회가 없으리오."

▲ 서대문형무소와 강우규 의사 유언시

 오늘의 다른 한국사
· 1977년 제1회 대학가요제에서 〈나 어떡해〉를 부른 샌드페블즈가 대상을 수상하다
· 2011년 모든 노동자들의 어머니 전태일의 모친 이소선 여사가 사망하다

4월 27일

1776년 4월 27일 (음력 1776년 3월 10일)
정조 이산이 조선의 22대 왕으로 즉위하였습니다.

영조가 아들 사도세자를 뒤주에 가둬 죽였습니다.
사도세자의 아들 이산은 할아버지 영조의 보호 아래 세손이 되었습니다.
세손 이산은 사도세자를 죽음으로 몰고 간 노론으로부터
각종 방해와 위협에 시달렸지만 이를 극복하고 기어이 왕(정조)이 되었습니다.
정조는 즉위식에서 이렇게 말했습니다.
"나는 사도세자의 아들이다."

이때 노론들의 심장은 내려앉았습니다.

▲ 정조 어진과 유년 시절 글씨

오늘의 다른 한국사 · 2018년 문재인과 김정은이 판문점 평화의 집에서 판문점선언을 합의하다

9월 2일

1923년 9월 2일
관동대학살이 일어났습니다.

9월 1일 관동대지진이 발생하자, 일본 내무성의 발표가 있었습니다.
"도쿄에서 일어난 재난을 이용해 조선인이 각지에서 방화를 일으킨다."
"조선인의 행동에 대해서는 엄하게 단속해 주길 바란다."

일본은 자경단을 조직하여 조선인들을 죽이기 시작했고
이유 없이 살해당한 조선인이 도쿄에서만 무려 6,000여 명에 달했습니다.
도쿄를 가로질러 흐르는 스미다강과 아라카와강 주변은
조선인들의 시체로 가득 찼습니다.

▲ 관동대지진과 관동대학살

 오늘의
다른
한국사
· 1919년 65세의 노인 강우규가 서울역에서 사이토 총독에게 폭탄을 투척하다

4월 28일

1545년 4월 28일(음력 1545년 3월 8일)
충무공 이순신의 탄생일입니다.

23전 23승을 했습니다.
거북선을 만들었습니다.
세계기록유산인 《난중일기》를 썼습니다.
전쟁 중 어머니를 여의고 아들을 잃었습니다.
임금 선조는 자신을 견제했고 빌런 원균은 자신을 시기하고 모함했습니다.
끝내 파직을 당해 백의종군하였습니다.
그리고 마지막 전투에서 승리한 후 장렬히 전사했습니다.

아무리 생각해 보아도 이순신은…

▲ 이순신과 어린 시절 옛집 현충사

오늘의
다른
한국사

· 1968년 서울 광화문에 충무공 동상이 세워지다

9월 1일

660년 9월 1일 (음력 660년 7월 18일)

백제가 나·당 연합군의 공격에 멸망하였습니다.

백제는 의자왕이 스스로 항복하며 멸망했다고 알려져 있지만
귀족 예식진의 배반으로 의자왕이 사로잡혀 멸망했다는 가설이 더 합리적입니다.
망국의 군주가 된 의자왕은 당나라 소정방에게 절을 올렸습니다.
신라 김춘추는 무릎을 꿇고 술잔을 올리는 의자왕의 얼굴에 술을 부었고
김춘추의 큰아들 김법민(문무왕)은 태자 부여융을 채찍으로 때렸습니다.
백성들은 의자왕이 당나라로 끌려가는 모습을 지켜보며
왕이 탄 배가 수평선 너머로 사라지는 순간까지 울부짖었습니다.

망국은 서러운 것입니다.

▲ 백마강 낙화암과 황포 돛단배

오늘의
다른
한국사

· 1983년 소련군 전투기에 의해 대한항공 비행기가 격추되어 269명이 사망하다

4월 29일

1932년 4월 29일
윤봉길의 상해 홍커우 공원 의거가 있었습니다.

상해 홍커우 공원에서 상해를 점령한 일본군의 전승 기념 행사가 열리자
윤봉길이 단상 위에 폭탄을 던져 일본 장성 다수가 죽고 다쳤습니다.
중국의 장제스는 윤봉길 의거 소식을 듣고 이렇게 말합니다.
"중국 백만 군대가 하지 못한 일을 조선 청년 한 명이 해냈다."

윤봉길 의사가 두 아들에게 남긴 글입니다.
"너희도 만일 피가 있고 뼈가 있다면 반드시 조선을 위하여 용감한 투사가 되어라.
태극의 깃발을 높이 드날리고 나의 빈 무덤 앞에 찾아와 한 잔 술을 부어 놓으라.
그리고 너희들은 아비 없음을 슬퍼하지 말아라."

▲ 윤봉길과 홍커우 공원

오늘의
다른
한국사

· 1992년 미국에 LA폭동이 일어나 흑인들이 코리아 타운을 공격하다
· 2008년 민족문제연구소가 《친일인명사전》 수록 대상자 4,776명의 명단을 공개하다

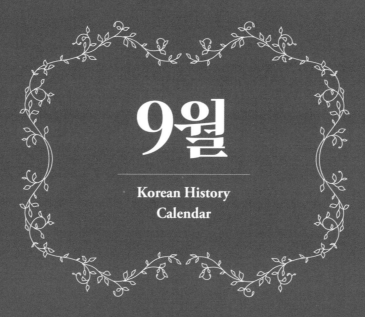

9월

Korean History
Calendar

4월 30일

1646년 4월 30일(음력 1646년 3월 15일)
소현세자빈 강씨가 사약을 먹고 죽었습니다.

병자호란 이후 소현세자와 세자빈 강씨는 볼모가 되어 청나라 수도 심양으로 끌려갑니다.
세자빈 강씨는 청나라에 끌려온 조선인 포로들을 구출한 뒤
세자빈 지위를 내려놓고 그들과 함께 손수 농사를 지으며
조선과 청나라 사이에서 중개무역을 하는 등 탁월한 상업적 감각을 보였습니다.

그러나 8년 만에 조선으로 돌아오자마자 남편 소현세자는 의문의 죽음을 당하고
그녀 역시 인조의 수라상에 독을 탔다며 사약을 받습니다.
며느리도 자식인데 죽여서야 되겠냐고 하는 조정의 신하들에게 인조는 말했습니다.
"어찌 개새끼를 내 자식이라고 하느냐."

▲ 민회빈 강씨의 묘와 심양 고궁

 오늘의
다른
한국사

· 1894년 동학농민운동 4대 강령이 선포되다(음 1894.3.25.)
· 1989년 조선의 마지막 황태자비 이방자가 사망하다

8월 31일

1962년 8월 31일
장준하가 세계 언론상인 막사이사이상을 받았습니다.

학도병으로 징집된 장준하는 일본군 진영을 탈출하여 수만 리를 걸어 충칭에 도착합니다.
이후 장준하는 충칭 임시정부의 분열을 꼬집는 명연설을 남겼습니다.
"내가 다시 일본군에 끌려간다면, 공군에 지원하겠다.
그리고 전투기를 몰고 충칭으로 날아와 임시정부에 미사일을 쏘겠다."

장준하는 해방 후 김구의 비서실장으로 귀국한 뒤 잡지《사상계》를 운영했고
박정희의 독재에 맞서 '개헌청원 100만인 서명운동'을 전개합니다.
그랬던 그가 등산 중 실족사로 죽었습니다.
미국 CIA의 전신 OSS와 특수훈련까지 받았던 장준하가 과연 실족사했을까요?

▲ 장준하와 잡지《사상계》

오늘의
다른
한국사
· 1993년 감사원이 전두환 정권이 만든 평화의 댐이 과장이었음을 발표하다

5월

Korean History
Calendar

8월 30일

1882년 8월 30일(음력 1882년 7월 17일)
제물포조약이 체결되었습니다.

구식 군인들이 민비 정권에 저항하는 임오군란이 일어난 결과
신식 군대 별기군의 일본인 교관이 살해당하고 일본공사관도 불탔습니다.
조선과 일본 사이에 제물포조약이 강제로 체결되면서
조선은 일본공사관의 신축비를 배상하고 일본군 병력이 주둔하는 것을 허용합니다.

마침 민비가 불러들인 청나라 군대가 용산에 주둔하고 있었으니
서울 한복판에서 일본과 청나라 두 나라 사이에 전쟁의 긴장이 고조되며
이는 곧 갑신정변으로 이어졌습니다.

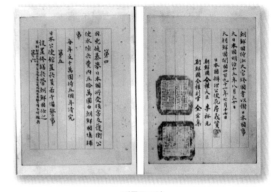

▲ 제물포조약

 오늘의
다른
한국사

· 1941년 음악가 홍난파가 세상을 떠나다
· 1972년 평양 대동강 문화회관에서 제1차 남북적십자회담이 열리다

5월 1일

근로자의 날

1922년 5월 1일
소파 방정환이 어린이날을 제정하였습니다.

천도교는 어린이 운동에 앞장섰습니다.
1921년 천도교 소년회를 만들고
1922년 '어린이날'을 제정하였으며
1923년 잡지 《어린이》를 발간하였습니다.
어린이날을 만든 방정환은 천도교 교주 손병희의 사위였습니다.
독립운동가이기도 했던 방정환은 31살이라는 젊은 나이에 숨을 거두었습니다.

1946년부터 '어린이날'은 5월 5일이 됩니다.

● 천도교: 동학을 계승 및 발전시킨 종교

▲ 방정환과 잡지 《어린이》

오늘의
다른
한국사

· 1909년 대한매일신보 사장 영국인 베델이 사망하다
· 1970년 대한제국의 마지막 황태자, 영친왕 이은이 사망하다

8월 29일

612년 8월 29일 (음력 612년 7월 24일)
을지문덕이 살수대첩을 거두었습니다.

을지문덕은 수나라 장수 우중문에게 〈여수장우중문시〉를 써 보냈습니다.
"귀신같은 책략은 하늘에 닿았고, 기묘한 계략은 땅에 닿았네.
전쟁에 이겨 그 공이 높으니, 만족함을 알고 그만 돌아가라."

수나라 우중문의 30만 대군이 청천강을 절반쯤 건넜을 때
을지문덕이 강물의 미리 막았던 둑을 트고 매복한 고구려군이 공격하니
살아서 돌아간 수나라 병사가 2천 7백명에 불과했다는 전설적인 살수대첩.
살수의 위치가 청천강인지 정확히 장담할 수는 없습니다.
이상한 것은 살수대첩 이후 을지문덕의 행방이 묘연해졌다는 것입니다.

▲ 을지문덕과 살수대첩

오늘의
다른
한국사

· 1371년 공민왕이 신돈을 처형하다 (음 1371.7.11.)
· 1910년 한일합방이 공포되며 한국이 일본에 강제로 병합되다

5월 2일

1924년 5월 2일
경성제국대학이 설립되었습니다.

2차 조선교육령에 의거하여 4년제 대학설립이 가능해지자
이상재를 비롯한 조선교육회의 주도로 4년제 민립대학설립운동이 전개됩니다.
그러자 총독부는 서울에 경성제국대학을 설립하며 우리의 대학설립을 방해했고
해방 후, 경성제국대학은 서울대학교가 되었습니다.
명칭만 바뀌었을 뿐 같은 공간, 같은 교수에 같은 학생들이었습니다.
형식적이나마 다른 건물로 옮기고 교수와 학생도 다시 선발했더라면 좋았을 텐데,
이렇게 되면 서울대학교의 뿌리는 일본 제국대학이었다는 것인데…
그래서 모두 서울대를 안 가는 거 맞죠?

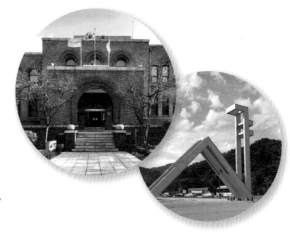

▲ 경성제국대학 본관과 서울대학교 정문

오늘의
다른
한국사

· 1527년 세자(인종)를 저주하는 작서의 변이 일어나다 (음 1527.3.22.)
· 1972년 이후락 중앙정보부장이 북한에 올라가 김일성을 만나다

8월 28일

1597년 8월 28일(음력 1597년 7월 16일)
원균이 칠천량에서 패전하였습니다.

원균이 얼마나 빌런이었냐고요?
임진왜란이 일어나자 싸우지 않고 도망간 결과 모든 병력과 함선을 잃고
이순신에 빌붙어 있으면서 적을 죽이는 것보다 적의 수급 베는 일에만 앞장섰으며
아군이 위기에 빠져도 모른척하고
이순신을 모함하여 파직당하게 한 것도 모자라
칠천량해전에서 대패하여 최정예 조선 수군이 사실상 괴멸되면서
결국 정유재란을 발발케 했으니…

원균의 고향 평택에 원균 문화 벨트가 조성된다고 하니, 부끄럽습니다.

▲ 칠천량해전과
   평택 원균기념관

오늘의
다른
한국사
· 1970년 양희은의 데뷔곡, 김민기의 〈아침이슬〉이 발표되다

5월 3일

1919년 5월 3일
남만주 삼원보 신흥무관학교가 정식 개교하였습니다.

신민회와 이회영 일가가 힘을 모아 만든 독립운동기지 남만주 삼원보에는
군사 훈련을 담당하는 신흥무관학교가 있었습니다.
신흥무관학교에서는 김좌진·지청천·이범석 등이 교관으로 근무하며
많은 독립군 장교를 양성했습니다.

영화 〈암살〉에서 속사포(조진웅)가 이렇게 말합니다.
"내래 신흥무관학교 출신이야."

● 신민회: 1907년 평안도 지식인들이 만든 국내 최대 애국계몽운동 단체

▲ 신흥무관학교와 옛터

| 오늘의 다른 한국사 | · 1589년 조선의 천재 시인 허난설헌이 사망하다 (음 1589.3.19.) |

8월 27일

1907년 8월 27일
마지막 황제 순종의 즉위식이 거행되었습니다.

일제는 고종의 헤이그 특사 파견을 구실로 고종의 퇴위를 결정합니다.
고종이 자신의 아들 순종에게 양위하는 모습을 연출하려 했지만
고종과 순종은 모두 양위식에 불참합니다.
모두가 당황하자, 이완용은 내시들에게 고종과 순종의 의복을 입게 했습니다.
가짜 고종이 가짜 순종에게 옥새를 전달하고
문무백관이 황제 옷을 입은 내시를 향해 절을 올리는 진풍경이 연출되었습니다.

대한제국의 황제는 고종에서 순종으로 바뀌었고
연호는 광무에서 융희로 바뀌었습니다.

▲ 순종과 고종 풍자화

오늘의 다른 한국사 · 1420년 태종 이방원의 부인 원경왕후가 사망하다 (음 1420.7.10.)

5월 4일

1392년 5월 4일(음력 1392년 4월 4일)
고려의 충신 정몽주가 선죽교에서 피살되었습니다.

역성혁명을 반대하는 정몽주에게 이방원이 〈하여가〉를 읊었습니다.
"이런들 어떠하리 저런들 어떠하리. 만수산 드렁칡이 얽혀진들 어떠하리.
우리도 이같이 얽혀져 백 년까지 누리리."
그러자 정몽주가 답가로 〈단심가〉를 읊습니다.
"이 몸이 죽고 죽어 일백번 고쳐 죽어. 백골이 진토되어 넋이라도 있고 없고
님 향한 일편단심이야 가실 줄이 있으랴."

정몽주는 개성 선죽교에서 이방원이 보낸 자객에게 죽음을 맞이합니다.
선죽교에는 지금도 정몽주의 핏자국이 있습니다.

▲ 정몽주와 선죽교 핏자국

오늘의
다른
한국사
· 1919년 중국에서 3·1 운동의 영향을 받은 5·4 운동이 발생하다
· 1982년 금융사기를 일으킨 장영자·이철희 부부가 구속되다
· 1988년 김근태·인재근 부부가 케네디 인권상을 수상하다

8월 26일

1882년 8월 26일(음력 1882년 7월 13일)
흥선대원군이 청나라에 납치되어 끌려갔습니다.

임오군란으로 궁지에 몰린 민비는 고종에게 청나라 군대를 불러들일 것을 요청합니다.
이렇게 조선으로 들어온 청나라 위안스카이 군대가
대원군을 압송해 간 것은 물론이고
용산에 군사 기지를 만들고 주둔하기 시작합니다.

청일전쟁 이후에는 일본군이 용산에 주둔하게 되고
해방 이후에는 미군 기지가 용산에 자리잡습니다.
우리 서울 한복판에 외국 군대가 140년 동안 주둔하게 되는
단초를 제공한 인물이 바로 민비였음을 알아야 합니다.

▲ 위안스카이와 흥선대원군

오늘의
다른
한국사
· 1908년 일제가 조선의 학교를 탄압하기 위해 사립학교령을 반포하다

5월 5일

1905년 5월 5일
이용익이 보성전문학교를 세웠습니다.

힘이 장사였던 보부상 출신 이용익은
임오군란 당시 구식 군인들에게 쫓기던 민비를 등에 업고 달려 왕비를 살린 인물입니다.
그는 고종과 민비의 비호 아래 큰 부를 쌓아 보성전문학교를 설립하였습니다.
훗날 보성전문학교는 천도교계가 인수했다가
다시 경성방직과 동아일보를 소유한 부호 김성수에게 인수됩니다.
이후 보성전문학교는 고려대학교로 개칭되었습니다.

고려대가 진정 민족 고대라 자부하려면
친일파 김성수 동상의 철거를 고려해야 할 것입니다.

▲ 고려대학교 김성수 동상과 이용익 흉상

오늘의
다른
한국사

· 1284년 충렬왕이 세자와 천여 명의 신하를 거느리고 원나라로 가다 (음 1284.4.12.)
· 1728년 반란을 일으킨 이인좌가 거열형으로 죽다 (음 1728.3.27.)

8월 25일

1936년 8월 25일
동아일보가 일장기를 말소하였습니다.

1936년 베를린올림픽 마라톤 경기에서 손기정 선수가 금메달을 땄습니다.
월계관을 쓰고 시상대에 올라선 그의 가슴에는 일장기가 있었습니다.
동아일보는 손기정의 금메달 획득 소식을 알리며
일장기를 지운 채 시상식 사진을 실었습니다.
이 사건으로 동아일보는 무기한 정간을 당해야 했습니다.

일제강점기 동아일보는 민족 정간지였습니다.

▲ 일장기 말소 사건

오늘의
다른
한국사 · 1919년 이승만이 미국 워싱턴에 구미위원부를 설립하다

5월 6일

1984년 5월 6일
교황 요한 바오로 2세가 103위 시성식을 거행하였습니다.

교황 요한 바오로 2세가 한국을 방문하였습니다.
여의도 광장에서 열린 한국 천주교 200주년 기념식에서
교황은 김대건 신부와 정하상을 포함한 103위를 성인의 반열에 올렸습니다.

성 베드로 대성당이 아닌 장소에서 시성식이 거행된 경우는
아비뇽 유수 때를 제외하면 세계사에 전례 없던 사건이었습니다.

● 아비뇽 유수: 로마 교황청을 남프랑스의 아비뇽으로 이전한 사건

▲ 교황 요한 바오로 2세와 김수환 추기경

오늘의
다른
한국사
· 1992년 북한이 핵폭탄 제조용 플루토늄 생산을 최초로 시인하다

8월 24일

1992년 8월 24일
한국과 중국이 수교를 맺었습니다.

노태우 정권은 중공을 중국(중화인민공화국)으로 인정하고 수교를 맺으며
수십 년 우리의 절대 우방이었던 대만과 국교를 단절합니다.
자국의 이해관계를 우선시하는 잔혹한 외교의 한 사례였습니다.

훗날 대만의 핵폐기물이 서해로 흘러 들어와 우리가 항의하자
대만의 한 언론이 이렇게 말했습니다.
"그래, 우리는 쓰레기를 버렸다. 그런데 너희는 인간을 저버리지 않았느냐."

대만의 혐한이 이해는 갑니다만…

▲ 한중수교

오늘의
다른
한국사
· 1945년 한국인 징용자 7천 명을 태운 우키시마호가 폭발하다

5월 7일

1436년 5월 7일 (음력 1436년 4월 12일)
세종이 의정부 서사제를 실시하였습니다.

태종은 6조가 왕에게 보고를 올리는 6조직계제를 시행하였습니다.
6조직계제는 왕이 국정 전반을 장악할 수 있어 왕권이 강화되었습니다.

그러나 세종은 뼛속까지 신뢰하는 황희와 맹사성을 비롯한 의정부 정승들에게
왕 대신 6조의 보고를 받게 했습니다.
동시에 중요한 사항만큼은 정승이 왕에게 보고를 올리는 의정부 서사제를 실시합니다.
덕분에 세종대왕은 한글 창제에 매진할 수 있었습니다.

● 6조: 이조·호조·예조·병조·형조·공조로 이뤄진 조선 시대 중앙 관서

▲ 맹사성과 황희

오늘의
다른
한국사

· 1934년 우리나라의 역사·언어·문화 등을 연구하는 진단학회가 창립되다
· 1952년 거제도 포로수용소에서 폭동이 일어나다

8월 23일

660년 8월 23일 (음력 660년 7월 9일)

백제와 신라가 황산벌에서 싸웠습니다.

백제 의자왕은 계백을 불러 5천 병력을 내주며 신라의 김유신을 막으라 명합니다.
"계백아 니가 거시기 해야것다."

계백은 신라 김유신의 5만 대군과 싸우기 전에 자신의 처자식을 먼저 죽였습니다.
"나라의 존망을 알 수 없도다. 나의 처자가 붙잡혀 노비가 될지도 모르니
살아서 치욕을 당하는 것보다 차라리 깨끗이 죽는 편이 낫겠다."

계백은 백제의 5천 결사대와 함께 황산벌에서 전사합니다.

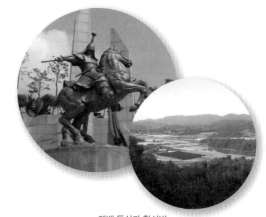

▲ 계백 동상과 황산벌

오늘의
다른
한국사

· 1944년 일본 후생성이 여자정신근로령을 공포 및 시행하다
· 1971년 실미도 사건이 일어나다

5월 8일

1433년 5월 8일 (음력 1433년 4월 10일)

최윤덕이 여진을 정벌하고 4군을 설치하였습니다.

고구려와 발해를 제외한 우리의 영토 확장 과정입니다.
① 통일신라는 삼국 통일 후 대동강과 원산만을 경계로 했고
② 고려 태조 왕건은 후삼국을 통일하며 청천강과 영흥만까지 영토를 확장했고
③ 고려 성종 때 서희는 거란과의 외교 담판으로 강동 6주를 확보했고
④ 고려 정종 때 천리장성이 완성되며 압록강 어귀에서 도련포까지 확장됐고
⑤ 고려 공민왕 때 유인우를 보내 쌍성총관부를 수복하고 철령 이북을 확보했습니다.

그리고 ⑥ 세종 때 최윤덕이 압록강 4군을, 김종서가 두만강 6진을 개척하면서
압록강에서 두만강에 이르는 현재의 국경선이 확정되었습니다.

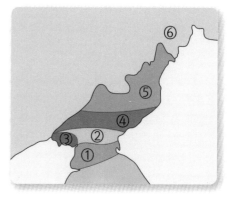

▲ 국경선 변화 과정

오늘의
다른
한국사

· 1925년 일제가 치안유지법을 제정하다

8월 22일

1910년 8월 22일
한일병합조약이 체결되었습니다.

이완용과 통감 데라우치가 '한일병합조약에 관한 건'을 체결해 도장만 찍으면 되는 상황에
순종의 비 순정효황후는 옥새를 급히 자신의 치마에 숨겼습니다.
이완용을 비롯한 대신들이 어찌할 바를 몰라 쩔쩔매고 있을 때
이완용 만큼의 매국노 윤덕영이 감히 황후의 치마에 손을 넣어 옥새를 빼앗아 찍었습니다.
그러나 한일병합조약문에 찍힌 옥새는 행정용 어새에 불과하고
순종 황제의 국새가 찍히지 않은 것으로 국제법상 무효를 주장할 수 있습니다.

일주일 후 8월 29일, 한일병합조약이 공포되며
조선은 일본의 식민지가 되었습니다.

▲ 윤덕영·순정효황후와 한일병합조약문

오늘의
다른
한국사

· 1933년 영화 〈암살〉의 주인공 여성 독립운동가 남자현이 사망하다

5월 9일

1871년 5월 9일 (음력 1871년 3월 20일)
흥선대원군이 서원 철폐 명령을 내렸습니다.

본래 서원은 선현에 대한 제사와 학문 연구를 목적으로 지방에 설립된 학교입니다.
그러나 시간이 지나면서 양반들의 향촌 장악과 붕당정치의 지역적 근간이 되었습니다.
흥선대원군은 대대적인 서원 철폐 명령을 내렸습니다.
"선현을 모시는 서원에 도적들이 있어서야 되겠는가?
나는 공자가 다시 살아난다고 해도 백성을 힘들게 한다면 용서치 않겠다."

성리학만을 절대시했던 조선에서 공자를 들먹이면서까지
백성의 안위를 살피려는 지도자는 대원군이 유일했습니다.
오늘날까지 남아 있는 서원은 흥선대원군이 철폐하지 않았던 47개의 서원입니다.

▲ 도산서원과 병산서원

오늘의
다른
한국사
· 1400년 이방원이 사병을 혁파하다 (음 1400.4.6.)
· 1940년 김구가 한국독립당을 창당하다
· 2017년 19대 대통령 선거에서 문재인이 당선되다

8월 21일

673년 8월 21일 (음력 673년 7월 1일)
김유신이 사망하였습니다.

김유신은 분명 신라의 영웅입니다.
그러나 단재 신채호는 김유신과 김춘추에게 죄를 묻고자 했습니다.
"김춘추와 김유신이 외세를 끌어들여 형제 국가를 공격한 죄는 용서할 수 없다."
"그들이 고구려 땅을 되찾고 지나(중국)까지 점령해도 용서할 수 없을진대
작금의 학자들이 그들을 통일의 영웅이라 칭송하니 안타깝다."

왕이 아니었음에도 김유신의 묘는 흥무대왕릉이라 불립니다.
김유신 묘비석의 릉陵 자에 물을 부으면 묘墓 자로 바뀌어 버리니
신라 왕들의 분노이거나, 조각가가 고도의 장난을 쳤거나…

▲ 김유신과 김유신 묘비

오늘의
다른
한국사

· 1866년 평양 관민들이 미국 상선 제너럴셔먼호를 불에 태우다 (음 1866.7.12.)
· 1919년 대한민국 임시정부에서 독립신문을 발행하다

5월 10일

1948년 5월 10일
5·10 총선이 치러졌습니다.

우리 역사상 최초의 보통선거 5·10 총선이 시행된 결과
21세 이상의 남녀에게 투표권이 주어져
2년 임기의 국회의원이 선출되었습니다.
그러나 총 200곳의 선거구 중 제주도에서는 4·3 항쟁으로 2곳이 미실시되었고
김구와 김규식 계열과 사회주의 계열은 입후보하지 않았습니다.

이때 선출된 국회의원들이 헌법을 제정하니
이 초대 국회를 제헌국회라고 합니다.

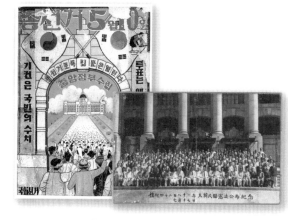

▲ 총선 포스터와 헌법 공포 기념사진

 오늘의 다른 한국사

· 2022년 제20대 대통령으로 윤석열이 취임하면서 대통령실과 관저가 용산으로 이전하다

8월 20일

1940년 8월 20일
일제가 쌀 배급제를 시작하였습니다.

쌀을 배급해 준다고 하니 좋아 보이나요?
일제강점기 조선총독부가 공출 명목으로 모든 쌀을 강제 수탈하자
만주에서 수입된 잡곡으로 삶을 연명하던 조선인들은
최악의 식량 사정을 맞이하며 굶어 죽을 지경이었습니다.

식량 배급은 일제의 무기가 됩니다.
징용에 응하지 않거나 독립운동을 지원한 사람에게는 연좌제가 적용되어
그 가족들까지 식량을 배급받지 못했습니다.

▲ 식량배급표

 오늘의
다른
한국사

· 1918년 상해에서 여운형이 신한청년당을 창립하다

5월 11일

1868년 5월 11일(음력 1868년 4월 19일)
오페르트 도굴 미수 사건이 일어났습니다.

좋게 말하면 고고학자, 나쁘게 말하면 도굴꾼 오페르트.
오페르트는 충남 덕산에 있는 남연군의 묘를 도굴하려다 실패합니다.
남연군의 유골을 인질 삼아 흥선대원군과 통상교섭을 하려 한 것입니다.
흥선대원군의 아버지 남연군의 묘역은 명당으로 유명했습니다.
대원군이 아버지의 무덤을 보호하려고 미리 석회로 관을 둘렀으니
제아무리 뛰어난 도굴꾼이라도 실패할 수밖에 없었습니다.

오페르트가 대원군에게 보낸 편지입니다.
"예의 없는 건 알지만 무력을 행사하는 것보다는 나은 거 아닙니까."

▲ 오페르트와 남연군의 묘

> 오늘의
> 다른
> 한국사

· 1894년 동학농민군이 황토현전투에서 승리하다 (음 1894.4.7.)

8월 19일

1948년 8월 19일
이승만 대통령이 일본에 대마도 반환을 요구하였습니다.

분열주의자, 분단의 책임, 한국전쟁 중 도망, 민간인 학살, 독재 등 수많은 이유로
이승만은 비판받아 마땅한 인물이지만
일본을 향한 적개심 하나만큼은 대단했습니다.
"내 눈에 흙이 들어가기 전까지 일본과의 수교는 없다."
"축구 경기에서 지면 대표팀은 현해탄에 빠져 죽어라."

요즘은 일본을 편드는 사람들이 이승만을 좋아합니다.
이상합니다.

▲ 대마도 반환 기사

오늘의 다른 한국사

· 1960년 장면이 제2공화국 총리에 피선되다

5월 12일

1779년 5월 12일 (음력 1779년 3월 27일)
정조가 규장각 검서관으로 서얼을 등용하였습니다.

양반이 양인 출신 첩 사이에서 낳은 자식은 서자, 천인 출신 첩 사이에서 낳은 자식은
얼자, 이 둘을 서얼이라고 합니다.
서얼은 아버지를 아버지라 부르지 못했습니다.
그런데 아버지 입장에서 본부인보다 첩과 그의 자식들을 더 사랑할 수도 있지 않겠습니까?
서얼은 용돈도 많이 받고 무과 응시가 가능했기 때문에
조선 시대 돈 많고 싸움 잘하고 삐딱한 서얼들은 동네 짱인 경우가 많았습니다.

정조가 자신의 최측근이라 할 수 있는 규장각 검서관으로
서얼 출신 박제가·유득공·이덕무 등을 임명했으니, 정조는 멋쟁이였습니다.

▲ 박제가의 《북학의》·유득공의 《발해고》·이덕무의 《청장관전서》

오늘의 다른 한국사

· 1919년 신한청년당의 김규식이 파리강화회의에 독립청원서를 제출하다
· 1962년 대한민국 최초의 케이블카인 남산 케이블카가 개통되다

8월 18일

1976년 8월 18일
판문점 도끼 만행 사건이 일어났습니다.

판문점 근처 공동경비구역에 있는 미루나무가 시야를 방해하자
미군은 벌목 작업을 시도했습니다.
북한이 벌목을 반대하면서 미군이 벌목 대신 가지치기 작업을 하고 있을 때
갑자기 북한군이 미군 장교를 도끼로 죽이는 만행이 벌어집니다.

이 사건으로 남북 간 긴장이 최고조에 이르는 듯했지만
미군은 병력을 동원해 미루나무를 베는 것으로 분노를 달랬습니다.

▲ 판문점 도끼 만행 사건

오늘의 다른 한국사
· 1800년 정조대왕이 승하하다(음 1800.6.28.)
· 2009년 대한민국 15대 대통령 김대중이 사망하다
· 2021년 홍범도 장군의 유해가 국립대전현충원에 안장되다

5월 13일

1913년 5월 13일
도산 안창호가 미국 샌프란시스코에서
흥사단을 창립하였습니다.

안창호는 흥사단을 통해 '덕체지'를 심양하여
민족의 실력을 향상하는 데 목표를 두었습니다.
흥사단은 일제강점기 180여 명의 독립유공자를 배출했고
오늘날에는 서울의 대학로 흥사단 본부에서
안창호의 정신을 계승하고 있습니다.

저희 역사바로잡기연구소는 흥사단장 박만규 교수님과 함께
《대한민국 국부 도산 안창호》를 출간하였습니다.

▲ 대학로 흥사단과 《대한민국 국부 도산 안창호》

오늘의
다른
한국사

· 1975년 박정희 대통령이 긴급조치 9호를 선포하다
· 2005년 대법원이 친일파 송병준 후손의 땅에 대한 소송 패소를 발표하다

8월 17일

1545년 8월 17일 (음력 1545년 7월 1일)
조선의 인종이 사망하였습니다.

인종은 중종의 아들로 태어나 어린 나이에 어머니 장경왕후를 여의고
세자 시절에는 계모 문정왕후 밑에서 눈칫밥을 먹어야만 했습니다.
인종은 왕위에 오른 지 불과 8개월 만에 죽고 명종이 왕위에 오릅니다.
인종은 누가 죽였을까요?
자신의 아들(명종)을 왕으로 만들고자 한 문정왕후였을까요?
문정왕후의 남동생 윤원형과 그의 여인 정난정이었을까요?

드라마 〈여인천하〉에서 악녀로 묘사된 문정왕후가
드라마 〈대장금〉에서 성품 좋은 왕비로 나와 당황했습니다.

▲ 태릉선수촌 옆 문정왕후가 묻힌 태릉

오늘의
다른
한국사

· 1567년 조선 14대 왕으로 선조가 즉위하다 (음 1567.7.3)
· 1975년 '개헌청원 100만인 서명운동'을 전개하던 장준하가 의문사하다

5월 14일

1928년 5월 14일
조명하 의거가 있었습니다.

조선 청년 조명하는 타이완의 어느 빵집에서 일하던 중
왜왕의 장인이자 육군대장 구니노미야가 타이완을 방문하자
독이 묻은 검을 던져 그를 척살했습니다.
조명하는 끝내 일본 경찰에게 잡혀 엄청난 고문을 받고 사형을 당합니다.

조명하의 유언입니다.
"대한의 젊은이여 조국을 굳게 지켜라.
조국을 잃으면 자유와 정의, 평화를 어디서 찾을 것인가.
나라 없는 백성은 오직 노예의 굴욕과 방황만이 있을 뿐이다."

▲ 서울대공원 조명하 동상

· 2004년 헌법재판소에서 노무현 대통령의 탄핵을 기각하다

8월 16일

1592년 8월 16일 (음력 1592년 7월 10일)
이치전투에서 황진이 승리하였습니다.

이순신을 피해 육지로 호남 공격을 시도한 일본 최고의 장수 고바야카와.
안덕원과 이치 고개에서 그들을 막아 낸 조선 최고의 장수 황진.

우리에게 임진왜란 3대 대첩은
이순신의 한산도대첩, 김시민의 진주대첩, 권율의 행주대첩이지만
일본인들은 이렇게 말합니다.
"임진왜란 때 우리 일본의 가장 가슴 아픈 패전은 이치전투였다.

바다에는 이순신, 육지에는 황진.

▲ 황진과 이치전투 전적비

오늘의
다른
한국사

· 1980년 최규하 대통령이 전두환에 의해 하야당하다

5월 15일

1397년 5월 15일 (음력 1397년 4월 10일)
세종대왕 이도가 태어났습니다.

이성계가 조선을 건국하지 않았다면
이방원이 왕자의 난으로 권력을 잡지 못했다면
형이었던 양녕대군이 망나니가 아니었다면
우리는 세종대왕을 만나지 못했을 것입니다.

세종대왕의 탄생일 5월 15일은
1982년 스승의 날로 제정되었습니다.

▲ 세종대왕과 스승의 날

오늘의
다른
한국사

· 1196년 최충헌이 이의민을 살해하고 권력을 잡다 (음 1196.4.9.)
· 1340년 공녀로 끌려간 고려 여인 기씨가 원나라 황후가 되다 (음 1340.4.11.)
· 1980년 서울의 봄으로 수십만 명의 대학생이 전두환 퇴진 시위를 하다

8월 15일

1945년 8월 15일
일제의 항복으로 우리가 해방을 맞이하였습니다.

8월 15일은 저에게 세 가지 의미로 다가옵니다.
1945년 8월 15일은 일제로부터 우리가 해방된 날입니다.
1948년 8월 15일은 대한민국 정부가 수립된 날과 동시에
1948년 8월 15일은 분단이 시작된 날이기도 합니다.

저는 해방된 지 80년이 되는 지금까지 광복을 기념한다는 것이 마땅치 않습니다.
건국절로 기념하자는 것은 더욱 싫습니다.
분단은 슬픈 일인데 그걸 왜 기념합니까?

▲ 해방과 정부 수립

오늘의 다른 한국사
· 1975년 대한민국 국회의사당이 준공되다
· 1987년 대한민국 독립기념관이 개관하다

5월 16일

1961년 5월 16일
5·16 군사 쿠데타가 일어났습니다.

충분히 막을 수 있었던 쿠데타였습니다.
육군소장 박정희와 육사 8기생들이 일으킨 쿠데타를 진압하려
UN 사령관과 주미대사가 장면 총리를 찾았지만
장면은 수녀원에 숨어서 나오지 않았습니다.
장면을 싫어했던 대통령 윤보선은 쿠데타 지지 성명과 함께 하야를 결정합니다.

쿠데타에 성공한 박정희는 이렇게 말합니다.
"다시는 이 나라에 본인과 같은 불운한 군인이 없도록 합시다."

▲ 5·16 군사정변 당시 박정희

오늘의
다른
한국사

· 1931년 사회주의자들의 이탈로 신간회가 해소되다
· 1987년 롯데 최동원과 해태 선동열의 15이닝 무승부 완투 경기가 열리다

8월 14일

1592년 8월 14일(음력 1592년 7월 8일)
이순신이 한산도대첩에서 승리를 거두었습니다.

와키자카의 패전 소식을 전해 들은 도요토미 히데요시는 절망했다.
평생을 전장에서 보냈지만 도저히 이길 수 없는 적의 출현은 처음이었다.
"조선 수군을 우리가 이길 수 없다. 교전을 금하라."

한산도대첩 이후 일본군에게
이순신은 염라대왕이었고
판옥선은 저승사자였으며
조선의 바다는 지옥이었다.
《이순신의 바다》중 일부 발췌

▲ 한산도대첩

오늘의
다른
한국사

· 2005년 북측 대표단이 분단 이후 최초로 국립현충원 현충탑에서 참배하다

5월 17일

1980년 5월 17일
신군부가 5·17 비상계엄을 확대 조치하였습니다.

1979년 10·26 사태로 선포된 비상계엄이
1980년 5월 17일 밤 12시를 기점으로 전국에 확대되면서
민주화 열기로 가득찼던 '서울의 봄'은 막을 내렸습니다.
그런데 갑자기 대학에 휴교령이 내려지고
김대중은 뜬금없이 내란선동죄로 구속됩니다.

앞서 김영삼 제명으로 부마항쟁이 일어났음을 상기해 보면
신군부는 광주에 좌표를 찍은 채 김대중을 구속하여
광주의 소란을 야기하려 한 것이 분명합니다.

▲ 전두환과 서울의 봄

 오늘의 다른 한국사

· 1618년 광해군이 명나라를 돕기 위해 강홍립을 요동으로 출정시키다 (음[윤] 1618.4.23.)
· 1899년 서대문에서 청량리 (홍릉) 구간을 잇는 국내 최초의 전차가 개통되다

8월 13일

1392년 8월 13일(음력 1392년 7월 17일)
이성계가 조선을 건국하였습니다.

우리 역사에서 조선은
단군 조선, 기자 조선, 위만 조선, 이성계 조선 그리고 김일성 조선(?)이 있습니다.

조선의 사대부들은 기자 조선을 신봉했습니다.
위만 조선은 안정복이 《동사강목》에서 찬탈자로 규정하며 정통으로 인정하지 않았습니다.
이성계 조선이야 500년이나 갔으니…
우리 역사의 일부이긴 하나 결코 정통이 될 수 없는 김일성 조선.
남북한 분단 시대의 정통은 대한민국이어야 합니다.
그러려면 좀.

▲ 이성계와 경복궁

오늘의 다른 한국사

· 1356년 공민왕이 유인우를 보내 쌍성총관부를 공격하여 철령 이북을 확보하다 (음 1356.7.9)

5월 18일

1980년 5월 18일
5·18 광주민주화운동이 시작되었습니다.

1980년 5월 전국 각지에서 신군부 퇴진을 외치는 거센 시위가 계속되었습니다.
광주는 시민과 학생의 노력으로 시위가 완전히 중단되며 어느 도시보다 평온했습니다.
광주 시민들은 자정에 발표된 5·17 비상계엄 확대 조치와
김대중이 구속된 사실을 꿈에도 모른 채 평화로운 5월 18일 일요일을 맞이합니다.

대학생들은 공부하기 위해 전남대학교 정문을 열어 달라고 항의했을 뿐인데
군인들은 개머리판과 군홧발로 학생과 일반 시민을 향해 구타를 가했습니다.
5월 18일, 첫 희생자는 청각장애인 김경철 씨였습니다.

▲ 김경철과 전남대학교 정문

 오늘의 다른 한국사

· 1942년 김원봉의 조선의용대가 임시정부 한국광복군에 편입되다

8월 12일

1993년 8월 12일
금융실명제가 시작되었습니다.

극비리에 추진된 금융실명제가 김영삼 대통령의 긴급명령으로 발표됩니다.
"금융실명제 없이는 이 땅의 부정부패를 봉쇄할 수 없고
분배정의를 구현할 수 없으며 우리 사회의 도덕성을 합리화할 수 없다."

금융실명제 실시로 김개똥이나 홍길동 등 가명으로 만들어진 통장은 사라지게 됩니다.
약간의 혼란은 있었지만 결과적으로 정말 잘된 일입니다.
그런데 김영삼 대통령은 왜 이렇게 인기가 없을까요?

▲ 금융실명제 실시

오늘의 다른 한국사

· 1971년 최두선 대한적십자사 총재가 '남북이산가족찾기운동'을 제의하다

5월 19일

1957년 5월 19일
측우기가 발명된 날을 '발명의 날'로 제정하였습니다.

세종대왕과 장영실이 제작한 것으로 알려진 측우기는
사실 세자(문종)의 아이디어였습니다.
조선은 문종 덕분에 전국적으로 강수량을 측정하면서
가뭄에 대비할 수 있었습니다.

혼의·간의·자격루(물시계)·앙부일구(해시계)·인지의·규형을 비롯한 과학기구와
농서《농사직설》, 의서《향약집성방》, 역법서《칠정산》등의 편찬은
15세기 조선의 부국강병을 가져왔습니다.

▲ 앙부일구·자격루·측우기

오늘의
다른
한국사

· 1906년 을사의병을 일으킨 민종식이 의병과 함께 홍주성을 점령하다

8월 11일

1980년 8월 11일
조오련이 수영으로 대한해협을 건너는 데 성공하였습니다.

수영선수 조오련은 한국에서 열린 대회에서 신기록을 50회나 세웠고
아시안게임에서는 금메달을 4번이나 목에 걸었습니다.
그리고 부산에서 일본 대마도까지 대한해협 48km를 수영으로 횡단합니다.

영화 〈친구〉에서 배우 장동건과 유오성이 어린 시절을 회상하는 장면이 나옵니다.
"상택아. 니는 아시아의 물개 조오련하고 바다거북하고
둘이서 헤엄치기 시합하면 누가 이길 것 같노?"
"조오련!"

▲ 조오련

오늘의 다른 한국사

· 1979년 YH무역회사 여공들이 신민당 당사에서 농성을 전개하다

5월 20일

1467년 5월 20일(음력 1467년 4월 8일)
세조가 원각사 10층 석탑을 완공하였습니다.

수양대군 세조는 단종과 사육신을 죽인 자신의 죄를 구원받고자 했는지
한양에 원각사를 창건하고 그곳에 10층 석탑을 세우는 숭불정책을 펼쳤습니다.
훗날 원각사는 연산군에 의해 기생들의 숙소 '홍청'이 되었다가
중종반정으로 소실되어 그 자리에는 10층 석탑만 남게 되었습니다.

홀로 남은 원각사 10층 석탑은
일제강점기 파고다공원에서 3·1 운동의 시작을 보았고
해방 후 이승만 동상의 건립과 해체를 보다가
오늘날 탑골공원에서 할아버지들의 바둑과 장기 대결을 지켜보고 있습니다.

▲ 탑골공원 원각사 10층 석탑

오늘의
다른
한국사

· 1881년 신식 군대 별기군이 창설되다(음 1881.4.23.)

8월 10일

881년 8월 10일 (음력 881년 7월 8일)
최치원이 〈토황소격문〉을 썼습니다.

최치원은 유학생들이 치르는 당나라 과거시험 빈공과에 급제한 뒤
당에서 관직 생활을 하던 중 황소가 반란을 일으키자 격문을 썼습니다.
"황소야. 지하의 귀신들도 너를 죽이려 하니 어서 항복해라."
격문을 읽은 황소는 놀라 나자빠졌고 그 공으로 최치원은 황제를 알현하게 됩니다.

최치원은 신라로 귀국한 다음 진성여왕에게 개혁안 〈시무10조〉를 바쳤으나
받아들여지지 않자 관직을 놓고 어디론가 사라졌습니다.
학을 타고 날아다닌다는 소리도 들렸고
부산 앞바다에 해운대라는 글을 새겼다는 소리도 들렸고…

▲ 최치원과 해운대 석각

오늘의
다른
한국사

· 1443년 세종이 한양 중심의 시간을 정하는 《칠정산》의 편찬을 명하다 (음 1443.7.6.)
· 1944년 여운형이 광복을 앞두고 조선건국동맹을 설립하다
· 1971년 도시 빈민들이 이주정책에 반발하는 광주대단지사건이 일어나다

5월 21일

부부의 날

1980년 5월 21일
광주민주화운동 당시 도청 앞에서 첫 집단 발포가 있었습니다.

금남로에 애국가가 울리자 시민들이 바로 서 가슴에 손을 올리며 국기에 대한 경례를 할 때.
"탕, 탕, 탕"
시민을 향한 도청 공수부대의 조준 사격이 있었습니다.
도청 앞은 울려 퍼지는 애국가와 사람들의 비명 소리로 뒤섞였습니다.

동아일보 김충근 기자의 증언입니다.
"내가 그 자리에 없었더라면, 애국가가 집단 발포 명령의 신호가 되는
참담한 비극을 증언할 수 없었을 것이다."

▲ 5·18 버스 시위

오늘의 다른 한국사
· 1412년 경복궁의 경회루가 완성되다(음 1412.4.2.)
· 1510년 삼포왜란이 발생하다(음 1510.4.4.)
· 1645년 소현세자가 인체의 여덟 구멍에서 피를 흘리며 죽다(음 1645.4.26.)

8월 9일

1936년 8월 9일
손기정이 베를린올림픽 마라톤 경기에서
금메달을 땄습니다.

베를린올림픽 마라톤의 우승자 손기정은
시상식에서 히틀러에게 받은 월계수 가지로 일장기를 가렸습니다.
훗날 손기정은 이렇게 말했습니다.
"마침내 우승했으나, 웬일인지 울고만 싶었소."

동아일보는 손기정의 가슴에 걸린 일장기를 지운 사진을 게재하는 바람에
무기한 정간을 당합니다.
동메달을 획득한 남승룡 선수도 기억합시다.

▲ 손기정과 남승룡

오늘의
다른
한국사
· 1992년 바르셀로나올림픽 마라톤 경기에서 황영조가 우승하다

5월 22일

1592년 5월 22일 (음력 1592년 4월 12일)
거북선 진수식이 있었습니다.

이만큼 강렬한 우리의 문화유산이 또 있을까요?
저는 한강에 거북선 수십 대가 떠다니는 것을 꿈꿉니다.
그리고 거북선이 우리나라의 랜드마크가 되기를 바랍니다.

거북선을 누가 설계하고 또 제작을 누가 주도했든지
거북선 제작을 명하고 전장에서 거북선을 실제로 사용한 이는 이순신 장군입니다.

거북선 진수식이 있었던 오늘은 임진왜란 발발 하루 전이었습니다.
이순신 타임머신 설을 증명합니다.

▲ 거북선 모형과 그림

 오늘의 다른 한국사

· 1882년 조미수호통상조약을 체결하며 조선과 미국이 수교하다 (음 1882.4.6.)

8월 8일

1973년 8월 8일
김대중 납치 사건이 일어났습니다.

일본에서 김대중이 박정희의 유신 독재를 비난하는 기자회견을 열자
중앙정보부 요원들은 김대중을 납치했습니다.
명령권자는 중앙정보부장 이후락 또는 박정희 대통령이었겠죠.
다리에 추가 달린 채 대한해협 한복판에서 수장되기 직전
해상자위대 함정과 미국 전투기까지 출격하여 김대중을 구출합니다.
살아 돌아온 김대중은 박정희가 시해될 때까지 7년간 가택연금을 당해야만 했습니다.

미국과 일본이 살려낸 김대중을 아직도 빨갱이라고 하는 사람들이 있습니다.

▲ 김대중 납치사건과 가택연금

오늘의
다른
한국사

· 1980년 대한민국의 독립운동가이자 한강방어선의 영웅 김홍일이 사망하다

5월 23일

1592년 5월 23일(음력 1592년 4월 13일)
임진왜란이 발발하였습니다.

일본은 전국 시대를 거치며 120년 동안 치열한 전쟁을 벌였습니다.
일본을 통일한 도요토미 히데요시는 넘치는 자신감을 주체하지 못하고
조선과 명나라, 그리고 인도까지 침략할 계획을 세웠습니다.

"정명가도征明假道."

조선이 일본의 요청을 무시하자 도요토미는 조선 정벌을 명령했고
일본군 선봉장 고니시 유키나가가 1만 8천의 병력을 이끌고 부산에 상륙합니다.

● 정명가도: 명나라를 공격할 테니 길을 빌려 달라는 뜻

▲ 도요토미 히데요시와 선조 추정 어진

 오늘의 다른 한국사
· 1273년 제주도에서 항쟁하던 삼별초가 여몽연합군에게 평정되다(음 1273.4.28.)
· 1916년 독립의군부를 조직한 임병찬이 거문도에서 단식 투쟁 끝에 순국하다
· 2009년 노무현 전 대통령이 서거하다

8월 7일

1388년 8월 7일 (음력 1388년 6월 27일)
이성계가 최영을 유배보냈습니다.

이성계가 위화도회군을 단행하자 최영이 개경에서 항전에 나섰지만 불가항력이었습니다.
개경을 점령한 이성계는 최영에게 이렇게 말했습니다.
"이 일은 내 본의가 아닙니다. 부디 잘 가십시오, 잘 가십시오."
최영은 참수되기 직전 이런 유언을 남깁니다.
"만약 내가 평생 한 번이라도 사사로운 욕심을 품었다면
내 무덤에 풀이 날 것이고, 그렇지 않다면 풀이 나지 않을 것이다."

최영 장군의 묘는 조선 시대 내내 풀이 나지 않은 적분이었습니다.
그러나 오늘날 최영의 무덤은 풀이 잘 자랍니다.

▲ 일산 최영 장군의 묘

오늘의 다른 한국사 · 1434년 물시계 '자격루'가 만들어지다 (음 1434.6.24.)

5월 24일

1971년 5월 24일
김대중이 교통사고를 당하였습니다.

김대중이 총선에서 신민당 후보 지원 유세를 마치고 오는 길이었습니다.
한 덤프트럭이 김대중이 탄 승용차를 덮치며 3명이 숨졌습니다.
하필 트럭의 소유자는 공화당 국회의원의 아들이었고
사람 3명이 죽었음에도 단순 교통사고로 처리되면서
트럭을 운전한 기사는 겨우 징역 1년 형을 받는 기적을 연출합니다.

당시 김대중은 대선 스타로서 일거수일투족이 뉴스거리였지만
경향신문을 제외한 어떤 언론에서도 이 교통사고를 다루지 않았습니다.
이 사건으로 김대중은 평생 다리를 절게 됩니다.

▲ 다리를 저는 김대중

오늘의
다른
한국사

· 1592년 왜장 고니시가 부산성을 공격하여 정발 장군이 전사하다 (음 1592.4.14.)
· 1980년 전 중앙정보부장 김재규에 대한 사형이 집행되다

8월 6일

1945년 8월 6일
일본 히로시마에 원자폭탄 리틀보이가 투하되었습니다.

소련이 대일전 참전을 망설이고 일본의 저항 또한 거세지자
미국은 일본에 원자폭탄을 투하하기로 결정합니다.
일본 히로시마에 떨어진 원폭으로 많은 사람들이 희생되었습니다.

대한제국 고종황제의 손자 이우 왕자도 히로시마에서 죽고 맙니다.
이우 왕자가 친구에게 보낸 편지의 내용입니다.
"일본 군복을 입고 있는 것이 부끄럽다. 우리 군복을 입고 당당히 살 때까지 기다려라."

▲ 이우 왕자와 원폭 당시 모습 및 히로시마 기념관

오늘의
다른
한국사

· 1436년 세종이 토지세 개혁을 위한 공법 상정소를 설치하다 (음[윤] 1436.6.15.)
· 1983년 여의도에 이산가족 상봉을 위한 '만남의 광장'이 개설되다

5월 25일

1592년 5월 25일(음력 1592년 4월 15일)
동래성전투가 있었습니다.

1592년 5월 23일(음력 4월 13일), 임진왜란이 발발하였습니다.
정발 장군이 부산성에서 일본군에 맞서 장렬히 싸우다 전사하고
다음날 일본군이 동래성을 포위하며 말합니다.
"싸울 테면 싸우고, 싸우지 못하겠으면 길을 비켜 달라."
동래부사 송상현이 답했습니다.
"죽기는 쉬우나 길을 비키기는 어렵다."

결국 일본군에게 동래성은 함락되고 송상현도 전사합니다.
고니시 유키나가는 송상현에 대한 예를 갖추며 그의 장례를 치렀습니다.

▲ 송상현 동상과 동래부순절도

오늘의 다른 한국사

· 1860년 최제우가 동학을 창시하다 (음 1860.4.5.)

8월 5일

1949년 8월 5일
헐버트가 사망하였습니다.

알렌을 비롯한 외국 선교사들이 자신들의 이익만을 추구하고 있을 때
헐버트는 끝까지 조선의 독립을 위해 힘썼습니다.
고종의 특사로서 미국과 네덜란드를 오가며
한글 연구에 앞장섰고 우리 문화재를 지키려 노력하였습니다.
한국이 해방을 맞이하자 헐버트는 이렇게 말합니다.
"나는 웨스트 민스터 사원에 묻히는 것보다 한국 땅에 묻히기를 원한다."

헐버트의 소원대로 그는 서울의 양화진 외국인 묘지에 묻혀 있습니다.

▲ 헐버트와 외국인 묘지

오늘의
다른
한국사

· 1952년 2대 대통령에 이승만, 부통령에 함태영이 당선되다
· 1995년 대한민국 최초의 인공위성 무궁화 위성 1호가 발사되다

5월 26일

2002년 5월 26일
임권택 감독이 칸 영화제에서
감독상을 수상하였습니다.

임권택 감독의 〈취화선〉은 조선의 천재 화가 장승업을 다룬 영화입니다.
장승업은 김홍도, 안견과 함께 조선 화단의 3대 거장으로 불립니다.
얽매이지 않는 삶을 살고 싶었으나 양반네들의 무리한 그림 청탁과
원치 않게 궁궐로 끌려가 어진을 그리는 일은 그에게 큰 스트레스였습니다.

술과 여자를 좋아했던 장승업은
술에 취해 그림을 그리는 신선을 뜻하는 '취화선'이 되고 싶었나 봅니다.

▲ 임권택과 장승업의 군마도

오늘의
다른
한국사

· 1952년 부산 정치 파동이 일어나다
· 2019년 칸 영화제에서 봉준호의 《기생충》이 황금종려상을 수상하다

8월 4일

1993년 8월 4일
일본이 고노 담화를 발표하였습니다.

일본 고노 관방장관이 일본군 위안부에 대해 공식적으로 인정하고 사죄했습니다.
① 위안부 존재 사실을 인정한다.
② 일본 군대의 요청으로 위안소가 설치됐고, 군이 관리했다.
③ 위안부 모집은 군대에서 선정한 업자가 담당했다.
④ 위안부의 출신지는 조선이 큰 비중을 차지한다.
⑤ 진심으로 사죄한다.

오늘날 일본은 왜 고노 담화를 모른척하며 돌변했을까요?
위안부와 관련된 망언을 일삼는 한국인들은 누구인가요?

▲ 고노 요헤이와 위안부 소녀상 조롱

 오늘의 다른 한국사 · 1980년 전두환의 국보위가 삼청교육대를 설치하다

5월 27일

1927년 5월 27일
여성단체인 근우회가 창립되었습니다.

근우회는 기독교계와 사회주의계 여성들이 만든 신간회의 자매단체로
여성의 교육과 계몽 또 성차별 반대 운동을 전개했습니다.
그러나 근우회의 초대 회장 김활란은 훗날 친일파로 변절하여
일본군 성노에 위안부 모집을 강요하는 연설을 합니다.
해방 후 김활란은 이화여자대학교의 초대 총장이 되어
이화여대 본관 앞에는 그녀의 동상이 세워집니다.

김활란 동상에 친일파라는 낙서가 자주 나타납니다.

▲ 근우회 포스터와 낙서된 김활란 동상

오늘의
다른
한국사

· 1894년 동학농민군이 장성 황룡촌에서 관군을 격파하다 (음 1894.4.23.)
· 1980년 상무충정작전으로 전남도청이 점령되며 열흘간의 광주항쟁이 끝나다

8월 3일

1920년 8월 3일
임산부 안경신의 폭탄 투척 의거가 있었습니다.

여성 독립운동가 안경신은 임산부의 몸으로
일본 경찰 1명을 총으로 쏘아 죽인 후 평안남도 도청에 폭탄을 투척합니다.
체포된 안경신은 일본 경찰에게 이렇게 말했습니다.
"나는 너희들을 섬나라로 철수시키는 방법만 생각하며 살았다."

안경신은 우리 역사상 최초로 사형을 선고받은 여성입니다.
사형을 면하는 대신 10년의 옥살이를 하였지만
출옥 이후 그녀의 행방이 묘연해집니다.

▲ 안경신

오늘의
다른
한국사
· 1950년 한국전쟁 중에 다부동전투가 시작되다

5월 28일

1281년 5월 28일 (음력 1281년 5월 3일)
고려·몽골 연합군이 일본정벌 2차 출정을 하였습니다.

일본 정벌에 나선 여몽연합군은 태풍을 만나자 철수를 결정합니다.
일본은 이 태풍을 신이 보낸 바람이라며 "가미가제"라 칭했고
훗날 가미가제는 태평양전쟁 당시 일본군 자살특공대로 더욱 알려집니다.

한편 일본에는 "무쿠리 고쿠리"라는 말이 있는데
이는 몽골군과 고려군을 지칭하며 무서운 것을 비유할 때 쓰는 표현입니다.
우리나라에도 비슷한 표현으로 "에비야"라는 말이 있습니다.
정유재란 당시 일본군들이 조선인의 귀와 코를 얼마나 많이 베어 갔는지
귀와 코를 뜻하는 '이비耳鼻'에서 나온 표현입니다.

▲ 귀무덤과 일본정벌도

오늘의 다른 한국사
· 1901년 제주도에서 이재수의 난이 일어나다
· 1981년 전두환 정권이 서울 여의도 광장에서 '국풍 81'을 개최하다

8월 2일

1109년 8월 2일 (음력 1109년 6월 27일)
여진족이 빼앗긴 땅을 돌려 달라고 간청하였습니다.

고려 예종 때 윤관이 별무반을 이끌고 여진족을 몰아내며 동북 9성을 축조합니다.
근거지를 잃은 여진족이 잃어버린 땅에 대한 반환을 요구하자
고려는 조공을 받는 조건으로 1년 만에 동북 9성을 돌려 주었습니다.

어떻게 개척한 땅인데 그 땅을 내놓으라는 말에 돌려 주는 착한 고려?
동북 9성을 지키기 힘들고 여진의 공격 또한 두려웠으니 결국 돌려 준 것 같습니다.

동북 9성의 위치는 함경도인지 아니면 두만강 너머인지…

▲ 척경입비도

오늘의
다른
한국사

· 1907년 대한제국이 연호를 광무에서 '융희'로 변경하다

5월 29일

1087년 5월 29일(음력 1087년 4월 19일)
《초조대장경》이 완성되었습니다.

거란의 2차 침략으로 나주까지 피난을 갔던 고려 현종은
고려인의 단결과 외세 침략을 극복하는 염원으로 초조대장경 사업을 시작하였습니다.
76년의 제작 기간을 걸쳐 완성된 《초조대장경》은 대구 부인사에 보관되었으나
몽골의 침략으로 소실되었습니다.

그래서 다시 만든 대장경이 그 유명한 《팔만대장경》입니다.
팔만대장경은 제작하는 데 겨우(?) 16년 걸렸습니다.

▲ 《팔만대장경》과 《초조대장경》 인쇄본

오늘의
다른
한국사

· 1960년 이승만 전 대통령과 프란체스카 여사가 하와이로 망명을 떠나다
· 1972년 프랑스 루브르 박물관에서 《직지심체요절》이 발견되다
· 1972년 박성철 북한 부수상이 비밀리에 서울에서 박정희 대통령을 만나다

8월 1일

1232년 8월 1일 (음력 1232년 7월 6일)
고려가 강화도로 천도한 날입니다.

몽골의 2차 침략이 예상되자 무신 정권의 최우는 강화도 천도를 결정합니다.
당시 왕이었던 고종은 두말 못하고 최우를 따라나섰고
텅 빈 수도 개경은 각종 반란과 도적들로 쑥대밭이 되었습니다.
고려 조정이 강화도로 천도했던 38년 동안
곳곳에 남은 고려인들은 몽골군의 살육과 약탈 속에서 어떻게 살아남았을까요?
산으로… 섬으로…

무신 정권과 왕족 그리고 삼별초, 강화도는 그들만의 엘도라도였습니다.

▲ 강화도 고려궁지

오늘의 다른 한국사

· 887년 신라의 마지막 여왕 진성여왕이 즉위하다 (음 887.7.5.)
· 2009년 광화문 광장이 개장하다

5월 30일

1985년 5월 30일
63빌딩이 준공되었습니다.

2000년 밀레니엄 시대를 맞이하며 한 설문조사가 진행됐습니다.
"서울을 방문한 외국인들에게 가장 보여 주고 싶은 장소는 어디인가요?"
63빌딩이 1위를 차지했습니다.

누군가가 그러더군요.
뉴욕에 사는 친구가 이렇게 말했답니다.
"우리 집은 73층인데…"

▲ 63빌딩

· 1950년 제2대 국회의원 선거가 실시되다

8월

Korean History
Calendar

5월 31일

2002년 5월 31일
2002년 한일공동월드컵 개막전이 열렸습니다.

서울 상암동 월드컵 경기장에서 한일월드컵 개막식이 열렸습니다.
개막식 이후 열린 첫 번째 경기에서
전 우승팀 프랑스가 세네갈에 1:0으로 패배하는 이변이 벌어집니다.
직전 친선경기에서 대한민국의 김남일 선수와 경합 중 부상을 당하고
경기를 벤치에서 바라볼 수밖에 없었던 지단의 공백이 아쉬웠습니다.
기자가 김남일에게 "어떡하냐, 지단 연봉이 얼만데…" 라고 묻자

김남일은 이렇게 말했습니다.
"아, 내 연봉에서 까라고 하세요."

▲ 김남일과 지단

오늘의
다른
한국사

· 1894년 동학농민군이 전주성을 점령하다 (음 1894.4.27.)

7월 31일

918년 7월 31일 (음력 918년 6월 16일)
후고구려·마진·태봉의 황제 궁예가 죽었습니다.

우리 역사의 창업 군주 중 궁예만큼 입지전적인 인물이 있나요?
추모와 온조, 혁거세는 물론 대조영, 견훤, 왕건, 이성계 모두 다이아몬드 수저였습니다.
최하층의 삶을 살았던 흙수저 궁예가 일국의 왕이 되었고
비기득권 지역 강원도 철원을 수도로 삼고 미륵세상을 만들고자 했지만
기득권 호족들은 근본 없는 궁예를 배척하고 같은 기득권 호족인 왕건을 선택했습니다.
궁예가 호족들에게나 폭군이었지 백성들에게 폭군은 아니었습니다.
그랬던 궁예가 보리밭에서 백성들에게 맞아서 죽었다?

역사는 승자의 기록입니다.

▲ 드라마 〈태조 왕건〉의 궁예

오늘의 다른 한국사

· 1907년 대한제국의 군대가 해산되다.
· 1959년 조봉암이 진보당 사건에 연루되어 형장의 이슬로 사라지다

6월

Korean History
Calendar

7월 30일

918년 7월 30일 (음력 918년 6월 15일)
고려가 건국되었습니다.

왕건은 호족의 지지 아래 실정을 일삼던 태봉의 군주 궁예를 쫓아내고
태봉의 수도 철원에서 고려를 건국합니다.
국호를 고려로 정한 것은 고구려를 계승했음을 천명한 것이었습니다.
다음 해 고려 태조 왕건은 도읍을 철원에서 자신의 근거지 송악으로 옮기며
송악(개경) 시대를 열었습니다.

왕건은 자신이 창건한 고려가 500년이나 갈 것이라고 예상했을까요?

▲ 드라마 〈태조 왕건〉

오늘의
다른
한국사

· 1419년 유정현의 종사관이 대마도 승전을 고하다 (음 1419.6.29.)

6월 1일

1592년 6월 1일 (음력 1592년 4월 22일)
의병장 곽재우가 거병하였습니다.

경남 의령에서 거병한 곽재우는 정암진전투에서 승리했습니다.
1년 후 곽재우는 2차 진주성전투를 앞두고 황진과 만났습니다.
"황진, 당신은 충청도병마사이니 진주성에서까지 싸울 필요는 없소."
그러자 황진은 이렇게 말합니다.
"나는 이미 김천일과 약속했소. 죽을지언정 진주성에서 싸우겠소."
황진과 달리 곽재우는 진주성 안에 있는 6만 백성을 버리고 도망을 갔습니다.

홍의장군 곽재우가 의병을 일으킨 오늘은 '의병의 날'이 되었습니다.

▲ 의령 곽재우 동상

오늘의
다른
한국사

· 1388년 우왕의 명으로 이성계와 조민수의 요동정벌군이 출정하다 (음 1388.4.18.)
· 1871년 신미양요가 일어나 손돌목에서 교전이 시작되다 (음 1871.4.14.)

7월 29일

1905년 7월 29일
가쓰라·태프트 밀약이 체결되었습니다.

미국 육군장관 태프트와 일본 총리 가쓰라가 만나 밀약을 체결하였습니다.
"미국은 일본의 한반도 지배를 인정한다."
"일본은 미국의 필리핀 지배를 인정한다."
미국은 스페인과의 전쟁에서 승리하면서 사실상 필리핀을 점령하게 되었지만
국제 사회 열강들로부터 필리핀 지배를 공고히 인정받기 위해
한반도를 거래의 대상으로 삼아 일본과 흥정한 것입니다.

원래 외교가 그런 것이겠죠.
미국은 자국의 이익을 위한 외교를 했을 뿐…

▲ 윌리엄 태프트와 가쓰라 다로

오늘의
다른
한국사

· 918년   왕건이 정변을 일으켜 궁예를 몰아내다 (음 918.6.14.)

6월 2일

1970년 6월 2일
〈오적〉을 쓴 시인 김지하가 구속되었습니다.

김지하의 〈오적〉입니다.
"서울이란 장안 한복판에 다섯 도둑이 모여 살았것다. (중략)
재벌, 국회의원, 고급 공무원, 장성, 장차관이라 이름하는… (중략)"

"타는 목마름으로 민주주의여 만세"
민주주의를 외쳤던 김지하가
1991년 조선일보에 〈죽음의 굿판을 걷어치워라〉라는 칼럼을 쓰며
변절의 길을 걷게 됩니다.

▲ 김지하

오늘의 다른 한국사

· 1910년 일본의 남한대토벌작전으로 체포된 호남의병장들이 대구 감옥에서 순국하다

7월 28일

1849년 7월 28일 (음력 1849년 6월 9일)
강화도령 철종이 즉위하였습니다.

왕이 되기에는 촌수가 멀었던 까닭에
이원범은 자신이 왕이 될 거란 생각은 꿈에도 하지 못한 채
강화도에서 고기 잡고 약초 캐며 살았습니다.
어느 날, 궁궐에서 보낸 군대와 가마가 오니 이원범은 자신을 죽이러 온 줄 알고
마니산으로 도망가다 끝내 잡혀서
왕이 되었습니다.

철종은 까막눈이었습니다.

▲ 철종과 강화도 철종 생가

오늘의
다른
한국사
· 1946년 북조선노동당이 결성되고 김일성이 위원장으로 취임하다

6월 3일

1964년 6월 3일
6·3 시위가 일어났습니다.

박정희 정부가 국민의 반대에도 불구하고 굴욕적인 한일수교를 준비하자
대학생들은 한일수교를 반대하며 6·3 시위를 전개하였습니다.
당시 고려대학교 상경대 회장 이명박은 6·3 시위를 주도하다
체포되어 수감되었으나 곧 풀려난 뒤 현대건설에 입사합니다.

이상합니다.
보통 시위하다 체포되면 군대로 끌려가는데
이명박은 군대가 아닌 현대로 갔습니다.

▲ 6·3 시위 모습과 재판받는 학생 이명박

오늘의
다른
한국사

· 1946년 이승만이 남한단독정부 수립을 주장하는 정읍발언을 하다

7월 27일

1953년 7월 27일
휴전협정이 체결되어 한국전쟁이 중단되었습니다.

한국전쟁으로 남북한은 밀고 밀림을 반복하며 복수에 복수를 낳았고
서로 간 적대감은 커졌는데 그럼에도 통일이 아닌 휴전이 되었습니다.
휴전회담은 UN군과 중공과 북한 사이에서 체결되었고
기존의 38도선은 휴전선으로 명칭만 바뀌었을 뿐입니다.

지금도 한반도는 70년째 휴전 상태입니다.
전쟁을 끝내자는 종전선언을 하자는데 이를 반대하는 사람들은
전쟁론자들인가요?
아니면 종전이 되면 주한미군이 철수할까 봐?

▲ 판문점 휴전회담

오늘의
다른
한국사

· 1176년 망이·망소이 난이 진압되고 명학소가 충순현으로 승격되다 (음 1176.6.13.)

6월 4일

1937년 6월 4일
보천보 전투가 있었습니다.

동북항일연군의 김일성이 함경북도 갑산군 보천면을 기습 공격하였습니다.
동아일보가 이를 호외로 알리면서 김일성은 대중에게 각인됩니다.

보천보전투의 진실은 무엇일까요?
남한에서는 깎아내리고 북한에서는 과대 포장합니다.
"솔방울로 수류탄을 만드시고
모래알로 총탄을 만드시고
가랑잎으로 압록강을 건너시고…"

▲ 보천보전투를 그린 북한화와 기념탑

· 1592년 임진왜란 중에 이일이 상주전투에서 패배하고 도망가다 (음 1592.4.25.)
· 1966년 전 국무총리 장면이 사망하다

7월 26일

1950년 7월 26일
미군이 노근리 양민 학살을 자행하였습니다.

한국전쟁이 발발하자 사람들이 남쪽으로 피난을 가던 중
경부선 철로를 따라 걸어가는 피난민을 향해 미국 전투기의 폭격이 있었습니다.
아직 북한군이 출현하지 않은 지역이었던 터라 예상치 못한 폭격이었습니다.
깜짝 놀란 피난민들은 경부선 철로 밑에 있는 쌍굴로 숨었습니다.
그런데 쌍굴로 숨어든 피난민들이 탈출을 시도할 때마다
철로 근처에 매복해 있던 미군이 장난하듯이 피난민들을 조준 사살했습니다.
무려 60시간 동안…

미국이 우리의 우방이지만, 역사적으로 짚을 것은 좀 짚고 삽시다.

▲ 노근리 학살 현장과 추모탑

오늘의
다른
한국사
· 1593년 2차 진주성전투에서 황진이 전사하다 (음 1593.6.28.)
· 1945년 트루먼·처칠·장제스가 모여 포츠담선언을 하다
· 2010년 12·12 쿠데타를 저지하려 했던 장태완 소장이 사망하다

6월 5일

1949년 6월 5일
국민보도연맹이 결성되었습니다.

"극좌 사상에 물든 사람들의 사상을 전향시켜 이들을 보호하고 인도한다."
보도연맹 가입 인원을 할당받은 공무원들은 주민에게 쌀을 나눠 주며 가입을 권장했습니다.
쌀 몇 되를 받자고 보도연맹에 가입한 사람들은
한국전쟁 중 군인과 서북청년단원들에게 무차별하게 학살당합니다.
당시 죽은 민간인의 숫자는 무려 17만 명에 달합니다.

영화 〈태극기 휘날리며〉에서 이진태(장동건)의 애인 김영신(故이은주)이
보도연맹 사건으로 죽는 모습이 연출되었습니다.

▲ 보도연맹 사건과 영화 〈태극기 휘날리며〉

오늘의
다른
한국사

· 1934년 백정기 의사가 일본 나가사키 감옥에서 옥사하다

7월 25일

1968년 7월 25일
국민교육헌장 초안이 발표되었습니다.

"우리는 민족중흥의 역사적 사명을 띠고 이 땅에 태어났다.
조상의 빛난 얼을 오늘에 되살려, 안으로 자주독립의 자세를 확립하고… (중략)"

박정희 대통령은 국민들에게 이를 강제로 암기시키면서
애국심을 강조하였습니다.

21세기 신친일파들에게 국민교육헌장을 강제로 암기시켜야…

▲ 국민교육헌장 선포식

오늘의
다른
한국사

· 1894년 청일전쟁이 발발하다
· 1946년 여운형과 김규식의 좌우합작위원회가 설치되다

6월 6일

1949년 6월 6일
반민특위 습격 사건이 있었습니다.

경찰이 국회를 습격하며 반민특위에 체포된 친일경찰 노덕술을 구출하는
영화 같은 일이 벌어졌습니다.
이 사건으로 대한민국의 친일파 처벌은 사실상 실패합니다.
그런데 경찰의 국회 습격이 이승만 정권의 비호 없이 가능했을까요?

순국열사와 호국열사를 기리는 현충일은
죽은 자의 명복을 빌며 제사를 지내는 '망종'을 따라 6월 6일로 결정되었습니다.
왜 하필 친일파 처벌에 실패한 날을 굳이 현충일로 지정했을까요.

▲ 동작동 국립묘지와 노덕술

오늘의 다른 한국사
· 1937년 안창호가 수양동우회 사건으로 투옥되다
· 1956년 제1회 현충일 추도식이 열리다

7월 24일

681년 7월 24일(음력 681년 7월 1일)
통일 군주 문무왕이 죽었습니다.

무열왕 김춘추의 아들 문무왕 김법민은 삼국통일(?)을 완수하였습니다.
훗날 문무왕이 죽으며 남긴 유언입니다.
"나를 화장시켜라. 나는 죽어서도 용이 되어 신라를 지키겠다."

신문왕은 아버지 문무왕을 기리고자 감은사를 만들고 탑을 세웠습니다.
동해에 솟아오르는 태양이 신라의 옛 땅을 비출 때
문무대왕암에서 감은사의 쌍탑이 가장 먼저 보이도록 만들었으나
오늘날 아버지와 아들 사이를 가로막는 건물이 들어섰으니…

▲ 문무대왕릉과 감은사지 3층 석탑

오늘의 다른 한국사

· 1907년 한일신협약 (정미조약)이 체결되다
· 1945년 대한애국청년당이 부민관 폭파 사건을 일으키다

6월 7일

1920년 6월 7일
홍범도가 봉오동전투에서 승리하였습니다.

홍범도의 대한독립군과 최진동의 군무도독부군은
봉오동에서 일본군 월강추격대대를 유인하여 160여 명을 사살하였습니다.
홍범도 장군은 봉오동전투에 이어 청산리대첩에서 승리한 후 간도참변과 자유시참변을 겪고
훗날 스탈린의 연해주 한인 강제 이주정책으로 카자흐스탄에 끌려가
한인 극장의 수위를 맡으며 살다가 그곳에서 묻혔습니다.

봉오동전투가 있은 지 100년 후 2020년 6월 7일
대한민국은 홍범도 장군의 유해를 대전 현충원으로 봉환하였습니다.

▲ 홍범도 유해를 호위하는 공군과 홍범도·최진동

오늘의
다른
한국사

· 1592년 충주 탄금대전투에서 신립이 패배하다 (음 1592.4.28.)

7월 23일

1882년 7월 23일 (음력 1882년 6월 9일)
임오군란이 일어났습니다.

구식 군인들이 13개월 만에 받은 봉급 쌀주머니에는 모래와 겨가 섞여있었습니다.
먹을 것으로 장난치는 거 아닙니다.
참지 못한 구식 군인들이 봉기하자 서울의 빈민도 합류했습니다.
"민비를 잡아 죽여라."

민비의 오라비 민겸호는 군인들의 발에 밟혀 창자가 터져 죽었고
영의정 이최응은 항문에 창이 꽂혀 입으로 관통을 당해 죽었습니다.
민비는 축지법의 대가 이용익의 등에 업혀 충청도 장호원까지 도망갔습니다.
임오군란으로 흥선대원군이 10년 만에 재집권합니다.

▲ 별기군

 오늘의 다른 한국사 · 2013년 모래시계를 제작한 김종학 PD가 사망하다

6월 8일

1925년 6월 8일
일제가 조선사편수회를 설치하였습니다.

조선사편수회는 식민사관을 통해 조선인에게 열등의식을 심으려 하였습니다.
타율성론, 한반도의 역사는 대륙과 일본의 영향을 받았다.
사대성론, 한반도에 있었던 국가들은 강한 나라에 의지하려 했다.
정체성론, 한반도의 역사는 발전이 없어 고대 국가 수준에 정체되어 있었다.

조선사편수회에서 식민사관에 앞장선 사학자 이병도가 있습니다.
그의 후손들은 서울대학교 총장과 국립중앙박물관장 등을 역임합니다.

▲ 이병도

 오늘의 다른 한국사

· 1592년 광해군이 세자에 책봉되다 (음 1592.4.29.)
· 1953년 한국전쟁 중 휴전회담 본회의가 열려 포로교환 협정이 조인되다

7월 22일

982년 7월 22일(음력 982년 6월 24일)
최승로가 〈시무28조〉를 올렸습니다.

최승로는 태조부터 성종까지 고려의 6대 임금을 모신 인물입니다.
그는 〈오조정적평〉에서 선대 임금 5명의 잘잘못을 따지며
특히 광종을 비판했습니다.
"광종이 그렇게 많은 사람을 죽였으니, 젊은 나이에 죽은 것 아닙니까."

최승로는 성종에게 〈시무28조〉를 올리며 정치개혁을 제시합니다.
7조 청컨대 외관을 두소서… 그래서 고려의 12목이 설치됩니다.
11조 중국과 풍속이 다르니 꼭 따를 필요는 없습니다… 자주적이었습니다.
20조 불교는 수신의 본, 유교는 치국의 본… 유교정치 이념이 확립됩니다.

▲ 〈시무28조〉

오늘의
다른
한국사

· 1592년 선조가 광해군에게 분조를 관장하게 하다 (음 1592.6.14.)
· 1906년 이인직이 한국 최초의 신소설 《혈의 누》 연재를 시작하다

6월 9일

1987년 6월 9일
이한열이 최루탄에 맞아 쓰러졌습니다.

연세대학교에서 열린 범 연세인 총궐기대회 도중
연세대학교 경영학과 2학년 학생 이한열이 경찰의 최루탄에 맞았습니다.
이한열은 응급실로 호송되었으나
다음 달 7월 5일 결국 숨을 거두고 맙니다.

영화 〈1987〉에서 배우 강동원 씨가 이한열 역을 열연하였습니다.

▲ 이한열 열사와 영화 〈1987〉

오늘의 다른 한국사
· 1555년 을묘왜변이 발생하다 (음 1555.5.11.)
· 1592년 임진왜란이 발발하여 선조가 한양을 떠나 피난길에 오르다 (음 1592.4.30.)

7월 21일

645년 7월 21일 (음력 645년 6월 20일)
안시성전투가 시작되었습니다.

고구려의 요동 방어선이 무너지고 이제 남은 것은 작은 산성 안시성뿐이었습니다.
당 태종은 30만 대군을 이끌고 안시성을 공격합니다.
그러나 안시성의 성주는 백성들과 함께 3달 동안 당 태종의 공격을 막아 냈고
당 태종에게 화살을 날려 그의 눈에 박히게 했습니다.
애꾸눈이 된 당 태종은 안시성 앞에 금은보화를 두고 성주를 칭찬하며 후퇴합니다.

안시성을 지킨 영웅은 누구였을까요?
연개소문이었을까요? 이름이 정확치 않은 양만춘이었을까요?
영화 〈안시성〉에서 배우 조인성 씨가 양만춘 역할을 했습니다.

▲ 영화 〈안시성〉

 오늘의 다른 한국사 · 1931년 동아일보에서 민중계몽운동 브나로드운동을 전개하다

6월 10일

1926년 6월 10일
6·10 만세운동이 일어났습니다.

고종의 인산일을 기해 3·1 운동이 일어났고
마지막 황제 순종의 인산일을 기해 6·10 만세운동이 일어났습니다.

6·10 만세운동은 비록 사전에 발각되어
일제 치안유지법에 의해 천도교계와 사회주의계가 구속되었으나
학생들이 서울 동대문과 숭인동에서 격문을 살포하며 만세운동을 전개하였습니다.
이 사건으로 서울과 지방에서는 1,000여 명의 학생이 검거되었습니다.

● 인산일: 왕 또는 황제 직계 가족의 장례일

▲ 순종의 장례 행렬

오늘의 다른 한국사

· 1452년 문종이 재위 2년 만에 승하하다 (음 1452.5.14.)
· 1914년 박용만이 하와이에서 대조선국민군단을 편성하고 국민군단사관학교를 설립하다
· 1987년 6월 민주항쟁이 시작되다

7월 20일

1593년 7월 20일 (음력 1593년 6월 13일)
임진왜란 최대 전투 2차 진주성전투가 시작되었습니다.

도요토미 히데요시는 부산으로 후퇴한 일본군 장수들에게 명령합니다.
"진주성을 점령치 못하면 너희 영지를 몰수하고 가족을 죽이겠다."
일본 최고 장수들의 총공격에 맞서 진주성 순성장 황진이 밤낮으로 막았습니다.
황진은 8일째 저녁 저격병에 의해 숨을 거두고 결국 9일째 진주성이 점령당하니…
"황진 장군이 살아 계셨으면 진주성은 지킬 수 있었을 것입니다."

임진왜란의 모든 전투를 통틀어 일본군이 가장 많이 죽었던 2차 진주성전투.
이로 인해 임진왜란은 4년간 휴전을 맞이할 수 있었습니다.
오로지 논개만 기억하는 더러운 역사.

▲ 진주성 촉석루와 논개

오늘의
다른
한국사
· 1419년 이종무가 대마도 정벌을 위해 출정하다 (음 1419.6.19.)
· 1907년 고종이 강제로 퇴위당하다

6월 11일

1871년 6월 11일(음력 1871년 4월 24일)
신미양요 당시 광성보전투가 벌어졌습니다.

신미양요를 일으킨 미국은 어재연 장군이 지키는 광성보를 향해 상륙작전을 감행합니다.
조선군들은 서양의 총알을 막고자 물에 적신 솜옷을 두껍게 입었지만
한여름 더위에 솜옷이 마르면서 오히려 미군의 포탄에 쉽게 불탔습니다.
광성보 전투의 전사자는 미군 3명, 조선군 350여 명.
조선군 사망자 중 무려 100명이 익사였다는 것은
솜옷에 불이 붙어 뜨거우니 바다로 뛰어들었다는 것인데…

미군 슐레이 대령은 이렇게 말했습니다.
"이처럼 국가를 위해 용감무쌍하게 싸우는 군인들을 다신 보기 어려울 것이다."

▲ 광성보 격전지·어재연 수자기·조선인 포로

오늘의 다른 한국사

· 1790년 정조 때 무사 백동수가 《무예도보통지》를 완성하다 (음 1790.4.29.)
· 1894년 동학군과 조선정부 사이에 전주화약이 체결되다 (음 1894.5.8.)
· 1925년 미쓰야협정이 체결되어 만주군벌이 조선독립군 탄압을 시작하다

7월 19일

1947년 7월 19일
몽양 여운형이 암살당하였습니다.

여운형은 여성뿐만 아니라 남성들까지 인정한 진정 미남이었습니다.
그의 연설 능력은 이승만과 김구가 따라잡을 수 없을 정도였고
제도에 얽매이지도 않아 집안의 노비를 모두 해방시켰으며
이념을 초월하여 사회주의자이지만 돈독한 기독교 신앙을 가지고 있었습니다.

당시 남한의 지도자들 중 최고의 지지율을 얻고 있던 여운형이
한지근에게 암살당한 일은 이 땅에서 좌우합작의 단절을 의미하는 것이었습니다.
여운형의 장례식은 우리 역사상 최초의 국민장으로 치러집니다.
누가 여운형 암살 명령을 내렸을까요?

▲ 여운형과 그의 장례식

오늘의
다른
한국사

· 1456년 세조가 사육신을 모두 죽이다 (음 1456.6.8.)

6월 12일

1983년 6월 12일
세계 청소년 축구 선수권대회에서
4강에 진출하였습니다.

대한민국 청소년 축구 국가대표가 4강의 신화를 이루었습니다.

박종환 감독은 4강 진출 후 브라질전을 앞두고 이렇게 말했습니다.
"브라질이 두 발로 뛰면 우리는 세 발로 뛰겠다."

▲ 박종환과 대한민국 청소년 축구 대표팀

오늘의
다른
한국사

· 1906년 을사의병장 최익현과 임병찬이 순창에서 체포되다

7월 18일

1772년 7월 18일 (음력 1772년 6월 18일)
최초의 서양 음악회가 홍대용 집에서 열렸습니다.

《양반전》《호질》《허생전》《열하일기》를 쓴 박지원의 《연암집》 내용입니다.
"홍대용은 말을 타고 선글라스를 쓴 채 서양악기를 연주했다."

《임하경륜》《주해수용》을 쓴 천재 실학자 담헌 홍대용은 《의산문답》에서
기존의 성리학적 가치관에 매몰되어 헛것을 진실로 생각하는 허자와
진실을 알고 있는 실옹의 대화를 통해 깨어있는 자의 고독함을 이야기했습니다.

실옹 曰 "땅은 둥글고 하루에 한 바퀴씩을 도는 것을 아는가?"
허자 曰 "미친놈 지랄하고 자빠졌네."

▲ 혼천의와 천안 홍대용과학관

오늘의 다른 한국사

· 1904년 베델이 대한매일신보를 창간하다

6월 13일

2002년 6월 13일
여중생 2명이 주한미군 장갑차에 치여
사망하였습니다.

고의성 없는 단순 사고였다고 주장하는 주한미군 측의 변명에
분노한 국민들은 효순이와 미선이를 위한 대규모 촛불 시위를 전개했고
촛불 시위는 반미 시위로 번졌습니다.
그러자 당시 미국 대통령 조지 부시는 김대중 대통령에게 전화를 걸어
직접 사과의 말을 전했습니다.

▲ 미선이 효순이 추모집회

오늘의
다른
한국사

· 1592년 임진왜란이 발발하여 이순신의 1차 출정이 시작되다 (음 1592.5.4.)
· 2000년 평양에서 제1차 남북정상회담이 개최되다

7월 17일

1948년 7월 17일
대한민국 헌법이 공포되었습니다.

오늘날 대한민국 헌법 전문 중 일부입니다.
"대한민국은 3·1 운동으로 건립된 대한민국임시정부의 법통과
불의에 항거한 4·19 민주이념을 계승하고… (중략)"

3·1 정신을 부정하고 임시정부의 법통 계승을 거부하는 자들과
4·19 이념을 부정하고 이승만을 추앙하는 자들은
대한민국의 헌법을 부정하는 자들입니다.

일종의 반역입니다.

▲ 헌법 공포식과 기념우표

오늘의
다른
한국사

· 1456년 세조가 집현전을 폐지하고 경연을 중단하다 (음 1456.6.6.)

6월 14일

2002년 6월 14일
대한민국이 2002년 한일월드컵에서 최초로 16강에 진출하였습니다.

포르투갈전에서 박지성 선수가 골을 넣으며 1:0으로 승리한 대한민국은
2승 1무로 당당히 D조 1위를 차지하였습니다.

득점에 성공한 박지성 선수가
히딩크 감독에게 달려가 안기는 장면이 기억납니다.

▲ 박지성과 히딩크

오늘의
다른
한국사

· 1927년 앉은뱅이 독립운동가 김창숙이 상하이에서 체포되다
· 1950년 한국이 유네스코에 가입하여 55번째 회원국이 되다

7월 16일

1950년 7월 16일
제주 섯알오름에서 민간인 학살이 일어났습니다.

한국전쟁이 발발하자 대통령 이승만은 제주도 피난을 계획합니다.
그러나 4·3 사건으로 제주도민을 많이 죽였던 것이 불안했던지
이승만은 4·3 때 살아남은 제주도민들을 다시 죽입니다.
오로지 자신의 안전을 위해서.

제주도로 내려온 군인들에게 이유 없이 끌려가 총살을 당하고
태평양전쟁 당시 미군의 폭격으로 생긴 미사일 구덩이에 버려진 시신만 218명이었습니다.

이래도 이승만을 존경한다고요?

▲ 섯알오름 학살지

오늘의 다른 한국사 · 1999년 탈옥수 신창원이 2년 6개월 만에 검거되다

6월 15일

2000년 6월 15일
6·15 남북공동선언이 발표하였습니다.

김대중 대통령이 평양을 방문하여 김정일 국방위원장을 만나
최초로 남북정상회담을 개최하며 6·15 공동선언을 발표하였습니다.
많은 성과가 있었습니다.
① 정기적인 이산가족 상봉 ② 금강산 면회소 설치 ③ 경의선 복구
④ 금강산 육로 관광 시작   ⑤ 개성공단 운영

①, ②, ③, ④는 이명박 정권이 중단하였고
⑤는 박근혜 정권이 폐쇄하였습니다.

▲ 김대중과 김정일

오늘의 다른 한국사

· 1999년 1차 연평해전이 일어나다

7월 15일

1418년 7월 15일 (음력 1418년 6월 3일)
양녕대군이 폐세자되었습니다.

술에 취해 건달패와 어울리고, 사대부 여인들과 놀아나는 등 세자의 기행에
아버지 태종과 어머니 원경왕후의 근심은 깊어져만 갔습니다.
도대체 양녕대군은 왜 그랬을까요?
아버지 태종의 피 묻은 왕자리를 물려받고 싶지 않아서였을까요?
아니면 충녕대군의 영민함을 알아채고 스스로 왕위를 양보하려 했을까요?
그것도 아니면 진짜 돌아이였을까요?
진실은 양녕대군만이 압니다.

우리에게 오늘은 충녕대군(세종)이 세자로 즉위한 날이니, 즐거운 날입니다.

▲ 양녕대군의 묘

오늘의
다른
한국사
· 1592년 이순신이 율포해전에서 도망치는 왜선을 쫓아가 물리치다 (음 1592.6.7.)
· 1883년 조선이 미국에 최초 보빙사를 파견하다 (음 1883.6.12.)

6월 16일

1592년 6월 16일(음력 1592년 5월 7일)
이순신이 옥포해전에서 승리하였습니다.

임진왜란이 발발하자
경상좌수사 박홍은 도망쳤고 경상우수사 원균은 판옥선을 자침시켰습니다.
전라좌수사 이순신은 고민합니다.
자신의 본영 여수와 전라도 바다를 지키느냐
낯선 경상도 바다로 나가 적과 싸우느냐.
이때, 녹도 만호 정운이 이순신에게 말합니다.
"경상도 바다는 우리 바다가 아니란 말입니까?"

이순신은 전군 출동 명령을 내렸고 첫 전투 옥포해전에서 승리합니다.

▲ 옥포만과 옥포해전

오늘의
다른
한국사

· 2020년 북한이 남북공동연락사무소를 폭파하다

7월 14일

1907년 7월 14일
이준 열사가 네덜란드 헤이그에서 사망하였습니다.

을사늑약으로 일본에 외교권을 빼앗긴 고종은
네덜란드 헤이그에서 열리는 제2차 만국평화회의에
이상설과 이준 그리고 이위종을 특사로 파견했습니다.

"외교권이 없어 회의장에 들어가지 못함을 비통해 한 이준 열사가
배를 가르고 창자를 꺼내 회의장에 던지고는 돌아가셨습니다."
이렇게 알고 계신가요? 그러나 이는 사실이 아닙니다.
헤이그 특사는 일제의 만행을 국제 사회에 알리며 큰 역할을 했고
이준 열사는 얼굴에 종기가 번져 타향 만리에서 숨을 거둡니다.

▲ 이준·이상설·이위종(왼쪽부터)

오늘의
다른
한국사

· 1929년 조선일보가 문자보급운동을 시작하다

6월 17일

1994년 6월 17일
전 미국 대통령 카터가 김일성을 만났습니다.

한반도 비핵화 불이행에 대해 남한이 비난하자 북한은 이렇게 응수합니다.
"서울을 불바다로 만들겠다."
한반도는 전쟁 분위기가 고조되었고
대선 패배 후 영국에 유학 중이던 김대중이 절친 카터에게 전화합니다.
"한반도에 전쟁은 있을 수 없다. 당신이 김일성을 만나 달래라."

카터는 북한을 방문하여 김일성을 만나 남북정상회담 약속을 받아 냅니다.
비록 김일성이 갑자기 사망하면서 남북정상회담은 결렬되었지만
이 일을 계기로 카터는 노벨평화상을 받았습니다.

▲ 김일성을 만나는 카터

오늘의
다른
한국사

· 1906년 천도교 기관지《만세보》가 창간되다

7월 13일

1592년 7월 13일(음력 1592년 6월 5일)
이순신이 당항포해전에서 승리하였습니다.

이순신은 사천해전과 당포해전에서 승리한 직후
드디어 아군다운 아군 전라우수영 이억기의 부대와 합류하였습니다.
조선의 연합함대는 당항포구에 갇혀 있었던 일본함대를 발견합니다.

일본군은 왜 퇴로가 없는 당항포구에 갇혀 있었을까요?
일설에 의하면, 기생 월이가 일본군 첩자가 그린 지도를 조작하였답니다.
그 지도만을 믿은 채 해협인 줄 알고 이곳을 빠져나가려던 일본 수군은
당항포에 갇혀 이순신의 수군을 만났으니… 얼마나 당황했을까요?
이순신은 당항포에서 일본의 함대를 차분히 바다에 수장시켰습니다.

▲ 당항포해전

오늘의 다른 한국사

· 1456년 사육신이 단종의 복위를 꾀하다(음 1456.6.2.)
· 1904년 보안회와 일본의 황무지개간권 요구에 반대 성토대회를 열다

6월 18일

1712년 6월 18일 (음력 1712년 5월 15일)
백두산정계비가 세워졌습니다.

숙종 때 조선의 박권과 청나라의 목극등이 만나 백두산정계비를 세웠습니다.
"서위압록西爲鴨綠 동위토문東爲土門"
조선과 청나라의 국경은 압록강과 토문강임을 확인하였습니다.

"토문"을 놓고서 우리는 토문강이라 주장하고 중국은 두만강이라 주장합니다.
백두산에서 발원하여 송화강으로 합류하는 토문강은 분명히 따로 존재합니다.
따라서 토문강을 경계로 간도는 우리 영토가 됩니다.

▲ 백두산 정계비와 간도

오늘의
다른
한국사

· 1608년 광해군이 대동법을 시행하고 선혜청을 설치하다 (음 1680.5.7.)
· 1953년 이승만이 반공포로를 석방하다

7월 12일

1762년 7월 12일 (음력 1762년 윤달 5월 21일)
사도세자가 뒤주에서 죽었습니다.

영조의 외아들이자 정조의 아버지 사도세자.
사도세자가 한여름 뒤주에 갇힌 지 8일 만에 죽었습니다.
자식을 죽인 아버지의 매정함이야 말해 무엇하겠습니까.
그러나 사도세자의 친모 영빈 이씨 또한 아들의 죽음을 방관했고
사도세자의 부인 혜경궁 홍씨는 남편의 죽음에 집안을 앞장세웠습니다.
아무리 사도세자가 미치광이였다고 한들 꼭 그랬어야만 했을까요?

고작 11살 나이에 아버지의 죽음을 지켜볼 수밖에 없었던 사도세자의 아들 이산은
훗날 정조대왕이 되어 매년 오늘 통곡하였습니다.

▲ 뒤주와 영화 〈사도〉

 오늘의 다른 한국사 ·1909년 기유각서가 체결되어 일제에 사법권을 빼앗기다

6월 19일

1975년 6월 19일
박정희 유신정권에서 금지곡을 선정하였습니다.

김추자의 〈거짓말이야〉 - 박정희 대통령이 거짓말을 한다고 놀리는 것 같아서.
송창식의 〈왜 불러〉 - 장발을 단속하는 경찰에게 반말한다고.
이금희의 〈키다리 미스터 김〉 - 키가 작은 박정희 대통령이 기분 나쁠까 봐.
양희은의 〈아침이슬〉 - 노래 가사 중 '붉은 태양'이 김일성을 상징하는 것 같다고.
배호의 〈0시의 이별〉 - 밤 12시에 이별하면 통행금지 위반이어서.
한대수의 〈물 좀 주소〉 - 물고문을 연상시킨다고.

▲ 가요 규제 기사

오늘의
다른
한국사
· 1442년 장영실이 불경죄로 처벌받다(음 1442.5.3.)

7월 11일

1973년 7월 11일
천마총에서 유물이 발굴되었습니다.

천마총이 발굴되며 천오백 년 긴 잠에서 깨어난 신라 금관과 천마도.
하늘을 나는 말이 그려진 천마도는 벽화가 아닌 말 안장에 그려진 그림입니다.

천마도에 대한 논쟁도 있었습니다.
"이게 어떻게 말이냐. 이건 중국의 상상 속 동물 기린이다."
천마총은 하마터면 기린총이 될 뻔했습니다.

우리가 아는 기린은 아프리카의 기린인데 기린총은 좀…
내 눈에는 차라리 서양의 유니콘에 가까운데…

▲ 경주 천마총과 천마도

오늘의
다른
한국사

· 2001년 대법원이 삼청교육대 피해자에게 위자료 지급 판결을 내리다

6월 20일

1270년 6월 20일 (음력 1270년 5월 23일)
삼별초가 몽골에 대한 항전을 시작하였습니다.

삼별초는 강화도 천도 이후 38년 동안 몽골과 단 한 차례의 전투도 하지 않은
최씨 무신 정권의 특혜를 받은 사병집단이었습니다.
몽골이 삼별초의 명단을 요구하자 삼별초는 개경 환궁을 거부하며 저항합니다.
삼별초는 배중손과 김통정을 중심으로 강화도와 진도, 제주도에서 항전했습니다.

삼별초를 바라보는 관점은 두 가지로 나뉩니다.
1. 민중의 지지를 받으며 끝까지 대몽항쟁을 전개한 고려의 자존심이었다.
2. 무신정권의 수혜자로서 기득권을 포기할 수 없었기 때문에 저항했을 뿐이다.
선택은 여러분의 몫입니다.

▲ 진도 용장산성과 제주 항파두리

오늘의 다른 한국사 · 1369년 공민왕이 원나라 연호를 폐지하다 (음 1369.5.8.)

7월 10일

2020년 7월 10일
백선엽이 사망하였습니다.

독립군을 때려잡았던 간도특설대의 장교이자 낙동강 다부동전투의 영웅 백선엽.
민족반역자인가? 구국의 영웅인가?
그가 죽자 뜨거운 논쟁이 일어납니다.
한국 최초 명예원수로 백선엽이 추대되려 할 때 채명신 장군께서 하신 말씀입니다.
"독립군 토벌 작전의 지휘관 백선엽이 명예원수가 된다면
우리나라 건국사와 국군사는 하루아침에 북한의 역사관에 종속될 거요."

우리 역사바로잡기연구소는 박경석 장군님의 《정의와 불의》를 출간하여
백선엽의 실체를 밝히는 데 앞장섰습니다.

▲ 백선엽과 《정의와 불의》

오늘의
다른
한국사

· 1942년 김두봉·무정·최창익 등이 중국 화북 지역에서 조선독립동맹을 창립하다
· 1951년 개성에서 한국전쟁 휴전에 대한 회의가 개최되었습니다.

6월 21일

1949년 6월 21일
농지개혁이 공포되었습니다.

정부가 수립된 이후 민중의 열망은 두 가지였습니다.
"북한처럼 친일파를 처벌해 달라."
"북한처럼 토지를 나누어 달라."

북한의 토지개혁은 무상몰수·무상분배를 원칙으로 하고
남한은 농지개혁은 유상매입·유상분배를 원칙으로 하였습니다.

남한의 농지개혁이 지주의 입장을 대변한다는 비판도 있지만
북한의 무상몰수도 너무하긴 했습니다.

▲ 남한의 지가증권과 북한의 토지개혁

오늘의
다른
한국사
· 1503년 최초로 은을 추출하는 연은분리법이 연산군 앞에서 시연되다 (음 1503.5.18.)

7월 9일

1994년 7월 9일
김영삼 대통령이 전 대원 휴가 복귀 명령을 내렸습니다.

김영삼 대통령은 김일성이 죽자 놀라서 잠시 이성을 잃었던 것 같습니다.
휴가 대원들에 대한 전원 복귀 명령이 떨어집니다.
신나게 휴가를 즐기고 있는 장병들에게 삐삐 소리가 요동쳤고
공중전화로 달려가 수화기를 든 군인들에게 들리는 명령.
"지금 즉시 자대로 복귀한다."
"지금 말입니까?"
"다시 말하지 않겠다. 즉시 자대 복귀하라."
"음메~"

▲ 전화하는 군인들

오늘의 다른 한국사	
· 943년	고려 태조 왕건이 유조를 남기고 별세하다 (음 943.5.29.)
· 975년	고려 광종이 병으로 승하하다 (음 975.5.23.)

6월 22일

1965년 6월 22일
박정희 정권이 일본과 수교하였습니다.

일본은 한반도 식민 지배의 대가로 3억 달러 무상 지급을 약속하지만
이는 배상금도 보상금도 아닌 독립축하금이라는 명목이었습니다.
심지어 일시지급도 아닌 매년 3천만 달러씩 10년간 분할지급이었으며
일본 예산의 0.3% 정도에 불과한 금액이었습니다.

또한 박정희 정권의 추후배상권포기각서는 훗날 징용 배상에 있어 문제를 야기했고
독도에 대한 언급이 없는 것은 양국 사이에 독도 분쟁의 씨앗을 낳았으며
일본에 건너간 문화재 반환에 대한 협의가 없었을뿐더러
재일동포의 처우개선에 대한 문제 제기도 없었습니다.

▲ 한일수교

· 1899년 대한제국의 원수부가 설치되면서 황제가 군권을 장악하다
· 2002년 대한민국 축구 대표팀이 월드컵 4강에 진출하다

7월 8일

1994년 7월 8일
북한의 독재자 김일성이 사망하였습니다.

김일성은 83세의 나이에 심근경색으로 죽었습니다.
저지른 악행에 비하면 이 정도는 호상입니다.
김일성은 민족을 분단시키고 민족상잔의 비극을 일으켰으며
독재자로서 인민들의 인권을 말살했습니다.

당시 김일성의 사망 소식을 듣고 북한 인민들 수십만 명이 실신했다고 하는데
혹시 실신한 척했던 것은 아니었을까요?
김일성의 독재 능력이 탁월했거나
아니면 우리 민족성이 독재자에게 열광하거나…

▲ 김일성의 시신

오늘의
다른
한국사

· 1592년 임진왜란 당시 사천해전에서 거북선이 최초로 출전하다 (음 1592.5.29.)

6월 23일

1109년 6월 23일(음력 1109년 5월 16일)
고려가 공험진전투에서 패배하였습니다.

고려는 공험진과 갈라수에서 여진족의 맹장 사묘아리에게 패배하며
어렵게 축조한 동북 9성을 반환하게 됩니다.

가슴 아프지만 우리 역사상 최악의 패전들입니다.
주필산전투(645), 고구려 개마무사 30만이 당나라 기병에게 패배합니다.
통주전투(1010), 강조의 30만 병력이 요나라 성종에게 패배합니다.
칠천량전투(1597), 원균의 무능으로 최정예 조선 수군이 궤멸합니다.
현리전투(1951), 유재흥의 무능으로 전시작전권이 UN군에게 이양됩니다.

▲ 동북 9성 추정 지도

 오늘의 다른 한국사
· 1659년 효종이 죽고 기해예송이 시작되다(음 1659.5.4.)
· 1973년 박정희 대통령이 7·4 남북공동성명에 반하는 6·23 선언을 하다

7월 7일

1970년 7월 7일
경부고속도로가 완공되었습니다.

공사가 시작된 지 2년 반 만에 경부고속도로가 완공되었습니다.
박정희 정권과 현대건설의 멋진 합작품이었습니다.
경부고속도로는 대한민국의 경제 발전 속도를 앞당겼습니다.

그러나 무리한 공사 진행으로 77명의 희생자가 나온 것과 더불어
경부 측 중심의 경제 개발로 호남과 강원이 개발에서 소외되면서
지역 격차가 발생했다는 그림자가 존재합니다.

▲ 경부고속도로와 박정희

오늘의
다른
한국사
· 1988년 노태우가 민족자존과 통일번영을 위한 7·7특별선언을 발표하다

6월 24일

1356년 6월 24일 (음력 1356년 5월 18일)
공민왕이 기철 일파를 숙청하였습니다.

원 간섭기 고려는 몽골 원나라의 제후국이었습니다.
고려의 왕자들은 독로화(인질)가 되어 원나라에 머무르다가
고려 왕으로 임명을 받고 귀국할 수 있었습니다.
왕이 된 공민왕이 반원자주정책을 실시하며 몽골풍을 금지하자
기황후의 오라비였던 권문세족 기철이 반발했고 공민왕은 기철 일파를 숙청합니다.

공녀로 끌려간 고려의 여인 중 원나라 황후가 된 기황후는 오라비가 죽자
원나라 황제에게 고려를 침공해 달라고 울며불며 매달렸습니다.
이러한 기황후를 역경을 이긴 성공의 아이콘으로 삼으며 드라마까지 만들었으니…

▲ 몽골풍과 드라마 〈기황후〉

오늘의 다른 한국사

· 1910년 일제가 대한제국의 경찰권을 박탈하다

7월 6일

1946년 7월 6일
이봉창·윤봉길·백정기 의사의 유해가 돌아왔습니다.

백범 김구의 노력으로
이봉창·윤봉길·백정기 의사는 효창동 공원에 나란히 묻혔습니다.
이들의 묘를 '삼의사묘'라고 합니다.
그런데 삼의사묘에는 한 사람의 묘가 더 있습니다.
안중근 의사의 유해를 모시기 위해 미리 써 놓은 가묘입니다.
김구는 끝내 안중근의 유해를 돌려받지 못하고 자신 역시 효창동 공원에 묻혔습니다.

이들의 묘역 앞을 가로막고 효창동 공설운동장을 만든 이승만은 대체…

▲ 삼의사묘와 효창 공설운동장

오늘의 다른 한국사

· 1978년 통일주체국민회의에서 9대 대통령으로 박정희가 선출되다

6월 25일

1950년 6월 25일
한국전쟁이 발발하였습니다.

새벽 4시, 북한군이 기습 남침했습니다.
한국전쟁으로 수많은 인명피해와 산업시설 파괴도 가슴 아프지만
그 억울한 전쟁을 겪고도 결국 통일 없이 휴전되어
분단의 고착화와 더불어 남북한의 독재 권력이 강화되었고
친일파들이 반공투사라는 핑계로 연명할 수 있게 되었으니 안타깝습니다.
들여다보면 볼수록 의문투성이인 한국전쟁은
"forgotten war", 잊힌 전쟁입니다.

대한민국 수호를 위해 전사한 호국영령께 진심으로 머리 숙입니다.

▲ 한국전쟁

 오늘의 다른 한국사 · 1592년 임진왜란 때 신각이 해유령(양주)전투에서 승리하다 (음 1592.5.16.)

7월 5일

1971년 7월 5일
무령왕릉이 발견되었습니다.

공주 송산리 고분군의 배수로를 공사하던 중 무령왕릉이 발견되었습니다.
도굴되지 않은 너무나도 아름다운 벽돌무덤이었고
발견된 지석을 통해 백제 무령왕과 왕비의 합장묘임을 알 수 있었습니다.
일본산 소나무관, 중국화폐 오수전, 무덤을 지키는 석수, 금제관식 등
3,000여 점의 출토된 유물은 백제 문화의 진수를 보여 주었습니다.

그러나 사진을 먼저 찍겠다는 기자와 무분별하게 출입하는 구경꾼들 때문에
발굴단은 유물을 쓸어 담다시피 하며 17시간 만에 발굴을 마무리해야 했습니다.
우리 고고학계 최고의 발견이자 최악의 발굴로 기억되는 무령왕릉입니다.

▲ 무령왕릉 내부와 출토된
　금제관식·베개

오늘의
다른
한국사

· 1935년 김원봉이 조소앙, 지청천과 민족혁명당을 결성하다
· 1987년 최루탄을 맞았던 연세대학생 이한열이 사망하다

6월 26일

 마약퇴치의 날

1949년 6월 26일
백범 김구가 암살당하였습니다.

육군 소위 안두희가 쏜 총알은 김구의 얼굴을 관통하였습니다.
체포된 안두희에게 특무대장 김창룡은 오히려 술과 담배를 주며 말합니다.
"안 의사, 수고했소."

안두희는 겨우 1년의 징역을 살고 다시 육군 장교로 복귀하였습니다.
그리고 이승만 정부의 비호 아래 군수품 사업을 하여 큰돈을 벌고 호의호식합니다.

안두희의 배후에는 누가 있었을까요?

▲ 암살당한 김구와 김구 묘역

 오늘의 다른 한국사 · 1467년 이시애의 난이 일어나다 (음 1467.5.16.)

7월 4일

1388년 7월 4일 (음력 1388년 5월 22일)
이성계가 위화도회군을 단행하였습니다.

명나라의 철령위 설치 통보에 분노한 우왕과 최영이 요동 정벌을 결정하자
친명파 신진사대부의 지지를 받던 이성계는 4불가론을 제시하며 이를 반대합니다.
- 작은 나라가 큰 나라를 공격할 수 없습니다.
- 여름철에 군사를 동원할 수 없습니다.
- 왜구의 침략이 걱정됩니다.
- 장마철에 전염병과 활의 아교가 느슨해져 활쏘기가 어렵습니다.

이성계는 압록강까지 진출하였으나 마침 장마를 만나면서 위화도에서 회군을 결정하니
위화도회군은 고려가 추진한 북진정책이 좌절되고 조선이 건국되는 시발점이 되었습니다.

▲ 소달구지가 보이는 위화도

● 철령위: 고려의 철령 이북 땅을 자국의 영토라 주장하며 명나라가 설치한 관할지

오늘의
다른
한국사

· 1762년 영조가 사도세자를 뒤주 안에 가두다 (음[윤]1762.5.13.)
· 1972년 7·4 남북공동성명이 발표되다

6월 27일

1408년 6월 27일 (음력 1408년 5월 24일)
태조 이성계가 사망했습니다.

이성계는 동북면 대호족 이자춘의 아들로 태어나 뛰어난 외모와 무예를 겸비하고
홍건적을 비롯한 왜구를 격퇴하여 민중의 우상이 되었습니다.
조선을 개국할 때만 하더라도 이성계에게 우주의 기운이 모이는 듯했으나
그 기운은 다섯째 아들 이방원에게 건너갑니다.
결국 이성계는 사랑했던 신의왕후와 늦둥이 방석, 방번, 경순공주가 먼저 죽은 것도 모자라
자신 또한 비참한 말년과 죽음을 맞이하게 되었으니…

"나를 함흥에 묻어 달라."
그러나 태종 이방원은 아버지의 유언을 들어주는 대신
함흥의 억새를 가져다 구리 동구릉 이성계의 묘에 심었습니다.

▲ 태조릉에서 억새를 벌초하는 모습

오늘의 다른 한국사

· 1984년 대구-광주 간 88올림픽고속도로가 개통하다

7월 3일

1974년 7월 3일
홍수환이 복싱 세계 챔피언에 올랐습니다.

홍수환이 WBA 밴텀급 타이틀전에서 아놀드 테일러를 상대로
15회 판정승을 거두며 챔피언으로 등극한 뒤 어머니께 전화합니다.
"엄마, 나 챔피언 먹었어!"

이후 홍수환은 1977년 WBA 주니어페더급 타이틀전에서
당시 11전 11승을 달리던 카라스키야에게 4차례 다운을 당하며 패색이 짙었지만
3라운드에서 기적처럼 KO승을 거둠으로써
4전 5기의 신화를 써냈습니다.

▲ 홍수환

오늘의 다른 한국사

· 1950년 대한민국 공군 F-51 머스탱 전투기가 처음으로 출격하다
· 1961년 국가재건최고회의의 2대 의장으로 박정희 소장이 선출되다

6월 28일

1921년 6월 28일
자유시 참변이 일어났습니다.

러시아 자유시에서 독립군의 내분이 있었습니다.
러시아 적군이 무기 회수를 거부하는 독립군을 공격하는 과정에서
적군 편에 선 독립군 일부가 같은 독립군에게 총을 겨누는 상황이 벌어졌습니다.
결국 독립군 수백 명이 사망하고 1천여 명이 포로가 됩니다.

최근에는 독립군의 내분을 막으려 노력한
홍범도 장군에게 오히려 자유시 참변의 책임을 돌리려 합니다.

알 만한 이름이 홍범도뿐이라서 그런가 봅니다.

● 적군: 볼셰비키 혁명 이후 러시아(소련)의 공산주의 군대

▲ 자유시(스보보드니)

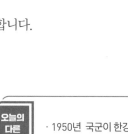
· 1950년 국군이 한강 인도교를 폭파하며 후퇴하고 서울이 북한에게 점령당하다

7월 2일

1504년 7월 2일 (음력 1504년 5월 11일)
한명회가 부관참시를 당하였습니다.

우리 역사의 대표적인 킹메이커는 누가 있나요?
을불을 미천왕으로 등극시킨 국상 창조리.
김춘추를 왕으로 만든 김유신.
이성계를 새 나라의 군주로 만든 정도전.
이방원이 왕이 될 수 있도록 만든 하륜.
이산을 지키고 왕위에 오르게 한 홍국영.
박정희, 김영삼, 김대중을 대통령으로 만든 김종필.

영화 〈관상〉에서 세조의 킹메이커 한명회의 부관참시가 흥미롭게 연출되었습니다.

▲ 김종필과 영화 〈관상〉

오늘의
다른
한국사

· 1896년 서재필이 독립협회를 창립하다
· 1931년 만주사변의 배경이 되는 만보산 사건이 발생하다

6월 29일

1995년 6월 29일
삼풍백화점이 붕괴되었습니다.

한국전쟁 이후 가장 큰 인명피해가 발생한 사건이었습니다.
500여 명이 사망하고, 1,000여 명의 부상자가 발생하였습니다.
건물 붕괴의 전조가 있었음에도 백화점 측의 안일함이 아쉬웠습니다.

지금은 이 자리에 멋진 아파트가 들어섰습니다.
그리고 그곳의 주민이 대통령으로 당선됩니다.

▲ 삼풍백화점과 현재 자리

오늘의
다른
한국사

· 1944년 독립운동가이자 승려 만해 한용운이 사망하다
· 1987년 노태우가 6·29 선언을 발표하다
· 2002년 제2차 연평해전이 일어나다

7월 1일

1905년 7월 1일
일제에 의한 화폐정리사업이 실시되었습니다.

일제는 조선 화폐를 일본 화폐로 전환하는 사업을 시작합니다.
재정고문 메가타는 조선의 백동화를 상태에 따라 갑·을·병으로 구분하고
갑종은 실제 가치 2전 5푼, 을종은 1전, 병종은 고철로 취급했습니다.
결국 백동화의 가치가 폭락하면서 조선의 은행과 자본가는 도산합니다.

일본 자본가들은 화폐정리사업에 대한 사전 예고를 받고
조선의 농어촌으로 들어가 백동화로 토지와 가축과 선박을 사들였습니다.
생명과도 같은 재산을 백동화와 맞바꾼 조선의 농어민들은
뒤늦게 이 사실을 알고 스스로 생을 마감하기도 하였습니다.

▲ 백동화와 일본 제일은행 화폐

오늘의
다른
한국사

· 2003년 이명박 서울시장이 청계 고가도로를 철거하고 청계천 복원 공사를 개시하다

6월 30일

1551년 6월 30일 (음력 1551년 5월 17일)
신사임당이 세상을 떠났습니다.

현모양처의 대명사 신사임당은 사실 시집살이 한 번 하지 않았습니다.
대신 그녀의 남편 이원수가 강릉에서 처가살이하며
아들 이이 또한 강릉 오죽헌 외가에서 태어났습니다.
그녀가 시·서·화에 뛰어났다지만
최고 화폐 오만원권에 들어갈 자격이 있는지 여전히 의문입니다.

훌륭한 엄마였다고요?
그럼 우리 엄마는요?
다만, 그녀의 아들 율곡 이이의 DNA가 우리보다 뛰어날 뿐.

▲ 신사임당의 수박도와 오만원권

오늘의 다른 한국사

· 1479년 연산군의 친모 왕비 윤씨가 폐출되다 (음 1479.6.2.)
· 1983년 KBS 1TV에서 〈이산가족을 찾습니다〉가 처음으로 방영되다

7월

Korean History
Calendar